きむらゆういち・みやもとえつよしの
廃材をアップサイクル！
エコ製作あそび

製作物アイデア／きむらゆういち
製作物デザイン／みやもとえつよし

チャイルド本社

もくじ

はじめに…4

1 牛乳パック

トコトコどうぶつ…6
はっしゃだいひこうき…10
はばたきどり…14
とけいだい…16
お花のえんぴつたて…18
ジャンピングボール…20
パックインゲーム…22
かみコプター…24
パタパタペンギン…26
さかなつり…28

2 ペットボトル

人形げき…30
らくらくボウリング…34
ゆらゆら水族館…38
しんかんせん…40
わなげ…42
コロコロゴムカー…44
ポンポコどうぶつ…46
パタパタとり…48
どうぶつちょきんばこ…50
マラカス…52

3 レトルト箱

パクパク人形…54
はたらくくるま…58
パカパカうま…62
パオーンぞう…64
びっくり！へんしん顔…66
ねことねずみ…68
かえるのがっしょう…70
はみがきごしごし…72
かみしばい…74

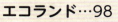

4 ティッシュ箱

お口にポーン‼…76
くるまでゴー！…80
おしゃべりしろくま…84
パクパクわに…86
山へゴー！…88
ポロロンウクレレ…90
パックンどうぶつ…92
トコトコ競争…94
おしゃれバッグ…96

5 プラ容器

エコランド…98
おさんぽ人形…102
パタパタかめさん…106
ミニわなげ…108
エコカー…110
ジャンプロケット…112
コロコロ追いかけっこ…114
ふうりん…116
くびふり人形…118
変身めがね…120

6 いろいろな紙箱

歩く人とロボット…122
くるまの走る町…126
おててクルクル…130
トントンずもう…132
鼻のびるぞう…134
ゆらゆら人形…136
回転ピエロ…138
すてきな部屋…140
ゴムじゅう…142

はじめに

　廃材をアップサイクルしておもちゃを手作りするということには3つの利点があります。
　1つは、おもちゃ会社の意図に従って遊ばされるのと違って、自分でいくらでも自由に作り、自由に遊べるという創造性があること。
　2つ目は、一つひとつのおもちゃを作るうえで利用している原理（科学）を体験学習できること。例えばコマなら遠心力や重りを使えば重力のことを自然に学習していることになります。
　3つ目はエコです。使用済みの廃材を利用するということは、今の大量生産・大量消費の時代に"使い捨て"という考えを見直すことになります。人類は200万年の道具の起源から長い時代のなかで同じ素材をリペアして使い続けて来ました。ほんの200年ほど前から大量消費使い捨ての時代に変わったのです。昔は同じ毛糸を編み直して新しいセーターにして使ったり、カメラや時計も壊れたら直して使うのが当たり前でした。
　エコの考え方は一つひとつの物を大切にすることです。
　飲み終わったペットボトルはプラゴミ、使い終わった箱は紙ゴミではないのです。
　いろいろ角度を変えて見てみると、紙ゴミもカメラだったり車になったり、工作材料に見えてきます。しかもスゴイところは、その車がもうすでに半分完成しているのです。もしボール紙から箱を作るとしたら、定規で寸法を測り、線を引いて組み立てなければなりません。でも廃材を使えばもうすでに箱はできているのです。その分より高度なおもちゃに挑戦できますし、あるものを利用するというアイデアの面白さも学べるでしょう。
　この本をもとにいろいろなおもちゃが生まれてくれたらうれしい限りです。

きむらゆういち

1 牛乳パック

準備

洗う
洗いかたが不十分にならないよう、少し洗剤を入れて洗うのがポイント。水を入れてよく振って、水が透明になるまで何度もすすぎます。

乾かす
逆さまにして、しっかり水を切って乾かしましょう。つぶさず、そのままの形で保管するのがおすすめです。

 種類 500mlと1000mlの大きさが一般的です。牛乳以外の飲料のパックなど、カラフルなものを取り入れてもよいですね。

工作のポイント

ひらく
厚くて丈夫なので、ひらいて、1枚の紙としても使えるすぐれものです。

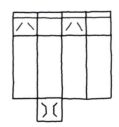

切る
口はとじて切るようにしましょう。大人がカッターで切り込みを入れておくと、あとのはさみの作業がやりやすくなります。

トコトコ どうぶつ

足をぐるぐる巻いて、静かに床に置くと……
どうぶつがトコトコ歩き出す！
いろいろなどうぶつを作って、よういどん！って
競争しても楽しいよ。

牛乳パック

ウッキ～

トコトコ

7

トコトコどうぶつ

難易度 がんばろう

材料
- 牛乳パック1本
- 割りばし3本
- 輪ゴム10本
- 段ボール板
- 画用紙

※材料は1体分です。

道具
- はさみ
- のり
- えんぴつ
- セロハンテープ
- ホチキス
- カッター
- 接着剤

作りかた

1 側面を切り抜き、上の部分をひらく

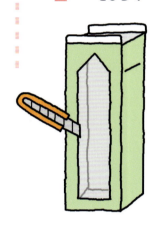

2 パックの口をとじる

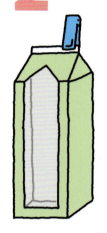

3 パックに穴をあける
穴が水平になるように注意してください。

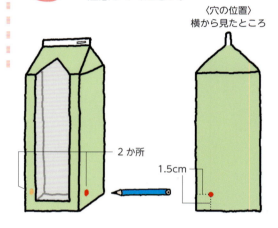

〈穴の位置〉横から見たところ
2か所
1.5cm

4 穴に割りばしを通す
割りばしは割って1本だけ使います。

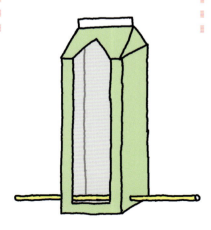

5 輪ゴムを割りばしに取りつける
輪ゴムを2本セットにして、割りばしに通してセロハンテープで固定します。

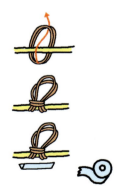

6 輪ゴムをつなぎ、切り込みに引っ掛ける
輪ゴムを2本セットにして、計6本つなぎ、切り込みに引っ掛けてセロハンテープで固定します。

切り込み

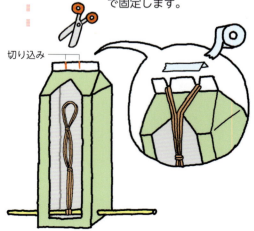

7 段ボールを割りばしにさし込む

段ボールの目に合わせてさし込みます。

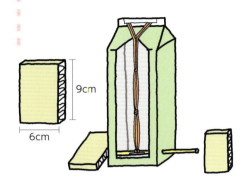

8 段ボールと割りばしをホチキスで留める

左右の段ボールが縦・横になるように留めます。

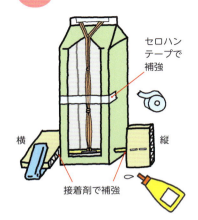

9 割りばしを割って1本ずつパックの側面に貼りつける

10 飾りつけをして、足に輪ゴムを2本ずつ掛ける

輪ゴムは縦に掛けるように注意してください。

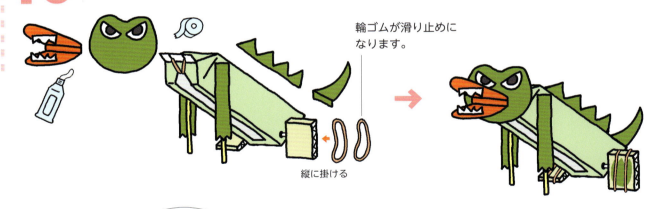

輪ゴムが滑り止めになります。

遊びかた

足をぐるぐる巻いて、静かに床に置くと、ゴムの力でトコトコと前に進むよ。

柔らかいカーペットなどではなく板の床のほうが、よく進むよ。

はっしゃだいひこうき

遊びかた

ゴムの力で遠くまで飛んでいくよ。
広い場所で飛ばすのがおすすめ！

牛乳パック

ただのひこうきじゃない、発射台付きひこうき！
ビュ〜ンと遠くまで飛んでいくよ。

ビューン

はっしゃだいひこうき

 材料
・牛乳パック1本
・輪ゴム1本

 道具
・はさみ
・ホチキス
・カラーペン（油性）

はっしゃだい 作りかた

1 パックを切りひらく

2 上の部分と底を切り落とす

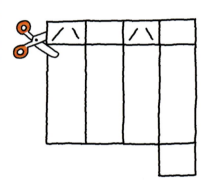

3 輪ゴムをホチキスで留める
真ん中の折り目の下側に取りつけます。

4 点線部分を絵のように折る

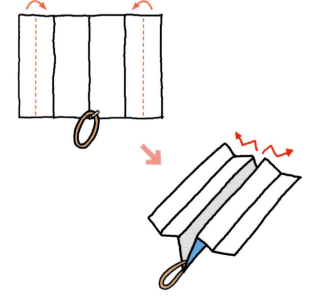

5 模様を描く
カラーペンは油性のものを使用しましょう。

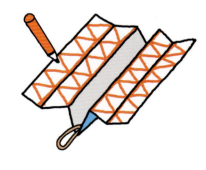

12

ひこうき 作りかた

1 半分に折る
画用紙またはコピー用紙を長方形に切ったものを使います。

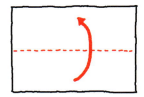

2 両端を三角に折る

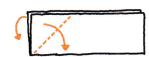

3 さらに両端を三角に折る
前方の斜めの辺が下の辺と重なるように折るのがポイントです。

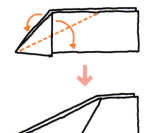

4 ひらいて、先を内側に折る

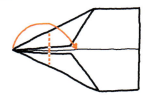

5 裏返して半分に折る

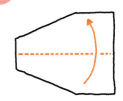

6 それぞれの面を半分に折る
前方の斜めの辺が下の辺と重なるように折るのがポイントです。

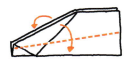

7 羽を広げて模様を描く

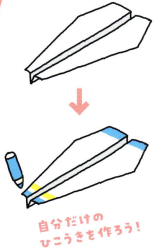

自分だけのひこうきを作ろう！

遊びかた

❶ 発射台の輪ゴムを後ろに引っ掛けて…

❷ 真ん中にひこうきを乗せて…

❸ 両手で発射台を左右に広げるとひこうきが飛び出すよ。

ビューン

※飛ばす方向に人がいないことを確認してから遊ぶようにしましょう。

牛乳パック

はばたきどり

難易度 かんたん

かんたんだけど、とってもおもしろいとりのおもちゃ。本当にはばたいているみたいに、羽がパタパタ動くよ。

パタ
パタ

遊びかた

パックの底の部分を持って、力を入れたりゆるめたりすると、とりがパタパタはばたくよ。

14

材料 ・牛乳パック1本 ・画用紙

 道具 ・はさみ ・のり ・カラーペン（油性）

牛乳パック

作りかた

1 パックの口をひらき、向かい合う辺を絵のように切る

6cm

ワンポイント

パックの二重になった部分を切りひらく

2 山になるように折り目を入れる

もう片方の面も同様に折り目を入れます。

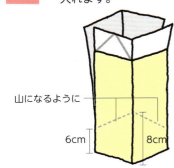

山になるように
6cm　8cm

3 手前にゆっくりと倒して広げる

もう片方の面も同様に広げます。

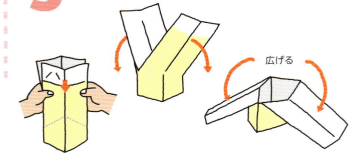

広げる

4 羽の形を整え、画用紙で作ったとりの頭と尾羽を貼りつける

画用紙で作ります。

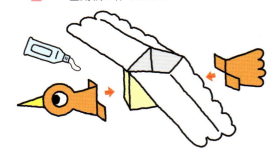

5 飾りつけをしたらできあがり

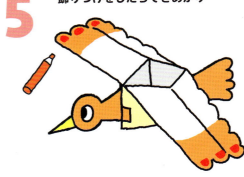

みんなでいろいろなとりを作って遊ぶと楽しいよ！

パタパタパタ　わーい　まてー

15

とけいだい

難易度
ふつう

短針をぐるぐる
動かせるとけいだい。
動きが楽しい
おもちゃだよ。

いまなんじ？

材料 ・牛乳パック1本 ・ストロー1本 ・紙皿1枚 ・画用紙

 道具 ・はさみ ・のり ・セロハンテープ ・カラーペン ・えんぴつ

牛乳パック

作りかた

1 パックに穴をあける
穴が水平になるように注意してください。
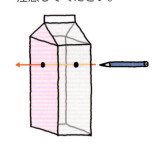

2 穴にストローを通す

3 紙皿を切る
適当な大きさの円に切り取ります。
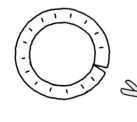

4 紙皿の中心に穴をあける
ストローが通る大きさの穴をあけます。
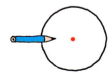

5 時計の文字盤を作る
長針だけを描いてください。

6 文字盤にストローをさし込む
文字盤をパックに貼りつけます。
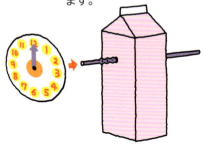

7 ストローのじゃばらを曲げる
ストローが時計の短針になります。
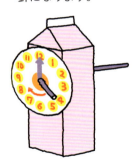

8 飾りつけをして完成！

遊びかた
後ろのストローを回すと、時計の針がくるくる回るよ。

お花のえんぴつたて

机の上にお花が咲いた！
プレゼントにもぴったりの
かわいいえんぴつたてだよ。

友達に
プレゼントしてあげると
喜ばれるよ！

材料 ・牛乳パック1本 ・画用紙 ・厚紙

 道具 ・はさみ ・のり

牛乳パック

作りかた

1. パックの上の部分を絵のように切り取る

5cm / 9cm

2. 花びらの部分を外側に折る

3. 厚紙で仕切りの板を作る
仕切りをさし込んであわせます。

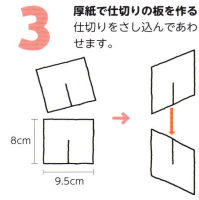

8cm / 9.5cm

4. 仕切りを中に入れる
本体の完成！

5. 飾りを作る
画用紙で作ります。

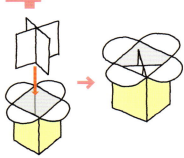

7cm / 5cm / 9cm / 7cm / 22cm / 7cm

6. 花びらを作る
パックに画用紙を貼りつけてから、はさみで形を整えます。

7. 画用紙を本体に巻きつけて留める

8. 葉を取りつけたら完成！

自分だけのオリジナルえんぴつたてを作ろう！

19

ジャンピングボール

牛乳パックの中から
ボールがジャンプ！
遊びかたは自由自在！

遊びかた いろいろ

ボールを紙コップに入れて、ひもを思いきり引っ張って離すと、ポーンと勢いよくボールが飛び出すよ！
- 上に向けてボールを飛ばし、落ちてきたボールをもう一度パックでキャッチする
- 友達とボールを飛ばしあって、キャッチする　など

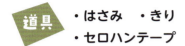

材料 ・牛乳パック1本 ・紙コップ1個 ・つまようじ2本 ・輪ゴム4本 ・ひも1本（40cm） ・ティッシュペーパー1枚

道具 ・はさみ ・きり ・セロハンテープ

作りかた

1 紙コップを切って、側面に4か所と底面に穴をあける

2 つまようじを切るか折る
5本用意します。
1.5cm

3 底面の穴にひもを通してつまようじをくくりつける
つまようじを取りつけたらひもを下に引っ張り、コップの底に貼りつけます。

4 側面の4つの穴に輪ゴムを取りつける

5 パックの上の部分を切り取り、側面4か所と底面に穴をあける

6 パックの中にコップを入れる
側面の穴からゴムを、底面の穴からひもを出します。

7 輪ゴムをつまようじに巻きつけて固定する
ティッシュペーパーを丸めてボールを作り、コップに入れればできあがり！

21

パックインゲーム

難易度 かんたん

ボールをポーン。
さあ、何番に入るかな？
遊びかたは
とってもかんたん。
盛り上がるゲームだよ！

遊びかた

ジャンピングボールと組み合わせて遊ぶこともできるよ！

材料
- 牛乳パック9本（500ml、1000mlのどちらでもよい）
- 画用紙　・ティッシュペーパー1枚

道具
- はさみ　・セロハンテープ
- のり　・カラーペン

作りかた

1. パックの底の部分を切り取る
全部で9個作ります。
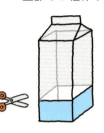

2. 3×3に並べて貼りつける
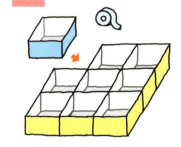

3. 1〜9までの数字を書いたカードを作る
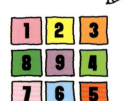

4. カードをパックの底にのりで貼りつける

5. どうぶつを作る
画用紙を使って、全部で9つ作ります。
6cm × 8cm
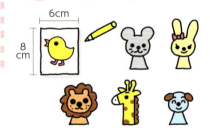

6. どうぶつをパックのふちに貼りつける

7. ティッシュペーパーを丸めてボールを作る

遊びかた いろいろ

遊びかたはとってもかんたん！ボールをパックめがけて投げるだけ。いろいろなルールで楽しんでね。

- 1〜9の数字を点数にして、みんなで点数を競って遊ぶ
- 好きなどうぶつのパックを狙って投げる
- ビンゴゲームのように、縦・横・斜めを揃える　など

かみコプター

羽根がギューンと回って、高く、遠くに飛んでいく紙コプター。園庭でみんなで飛ばして遊ぼう！

驚くほどよく飛ぶよ！

・牛乳パック1本
・ストロー1本

 ・はさみ ・セロハンテープ
・カラーペン（油性）

牛乳パック

作りかた

1 パックをひらき、帯状に切って羽根を作る

1.7cm / 19cm / 1/4

2 羽根を半分に折る

3 短く切ったストローの先に切り込みを入れる

つぶして切る / 1.5cm / 14cm

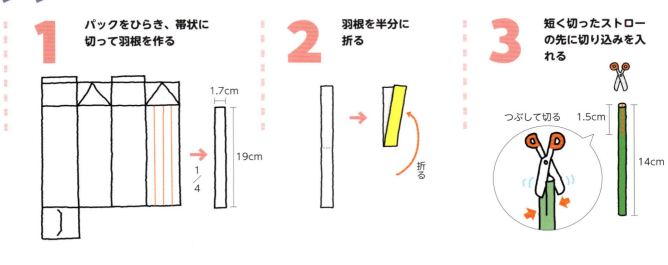

4 羽根を切り込みにさし込んでセロハンテープで留める

5 羽根を折る
手前の羽根を時計の短針の5時の位置になるよう、斜めに折ります。

6 裏返す
折った羽根を元に戻して、180度回転させます。

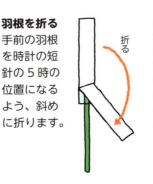
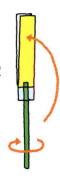

7 羽根を折る
5と同様に時計の短針の5時の位置になるように折ります。

8 羽根を広げて色を塗ったら完成！

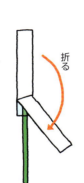
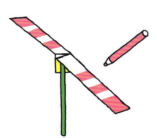

遊びかた

ストローを両手にはさんで、右手を前方に押し出すように前後に回しながら手を離します。

パタパタペンギン

難易度 がんばろう

羽がパタパタ動く、
とってもかわいいペンギン。
パタパタパタ……って
飛んでいっちゃうかも!?

遊びかた

ストローを上下に動かすと、ペンギンの羽がパタパタするよ。

パタパタ　　パタパタ

中のしくみはこうなっているよ！

材料 ・牛乳パック1本（500ml） ・ストロー1本 ・クリップ4個 ・画用紙

道具 ・はさみ ・カッター ・のり ・セロハンテープ ・えんぴつ

牛乳パック

作りかた

1 羽を作る
画用紙で作ります。
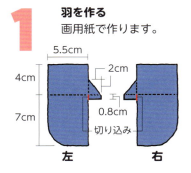

2 L字に組み立てて留める

折る

3 パックに穴をあける
えんぴつでストローを通す穴をあけます。

4 切り込みを入れる
この切り込みは、中のしくみを確認するためのものです。
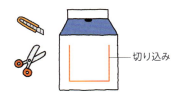
切り込み

5 左右の面に切り込みを入れる
少し厚めに切り込みを入れるのがポイントです。
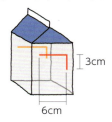
3cm
6cm

6 左右の羽をさし込む
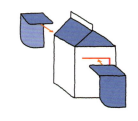

7 羽の下をセロハンテープで留める
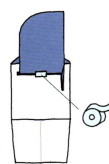

8 飾りつけをする

9 ストローをさし込み左右の羽にクリップを2個ずつつける

10 羽の位置を調整
ストローを上下に動かして羽が動くかどうか背中のふたをあけて羽の位置を調整します。

さかなつり

みんなで遊ぶととっても楽しいさかなつり。たくさんつれるかな？

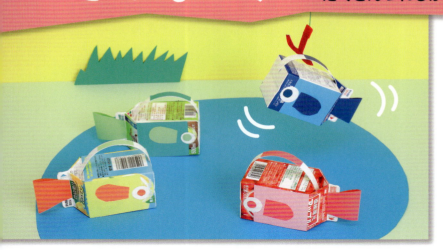

材料
- 牛乳パック4本（500ml）
- 牛乳パック1本（1000ml）
- 割りばし1本
- 太めのひも1本（50cmくらい）
- 画用紙　※材料はさかな4匹分です。

道具
- はさみ　・のり
- セロハンテープ
- ホチキス

作りかた

1 パック（500ml）の口をとじる

2 パックを帯状に切る
パック（1000ml）の1面を4等分に切ります。
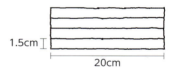
1.5cm　20cm

3 帯を取りつける

4 さかなのパーツを貼りつける
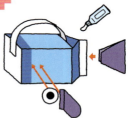

5 さかなの完成！
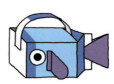

6 パックでつり針を作る

6cm　6cm

7 ひもにつり針をつけ、割りばしに取りつける
ひもがない場合は、パックを細く切ってつないでもいいですよ。
ひもの長さは調整してください。

遊びかた

つり針をうまく引っ掛けられるかな？
つれるとすごく楽しいよ。

2 ペットボトル

素材の特徴

透明なボディーのペットボトルは、側面に飾りつけをしたり、中にものを入れたり、水に浮かべたり……など、バラエティーに富んだ工作・遊びかたが楽しめます。また、その集めやすさも魅力のひとつです。

種類

ペットボトルは、内容物や容量によって形状が異なります。炭酸用は、内部からの圧力に耐えられるように円筒状になっており、凹凸のない面が広く、工作に適しています。またホット対応などのミニサイズは、子どもの手で扱いやすいサイズです。作品にあわせた素材選びがポイントです。

極小サイズ　小サイズ　500mlサイズ　大サイズ　炭酸用ペットボトル（500ml、1.5L）

※ 500mlのペットボトルは、本文中の「材料」では「ペットボトル（中）」と表記しています。

工作のポイント

切る

ペットボトルを切るときは注意が必要です。まず大人がカッターで切り込みを入れ、それから子どもがはさみで切るようにしましょう。

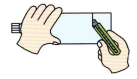 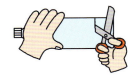

収集

集めるときは、大きさや形状、ふたの有無など、素材について必要な情報をきちんと伝えることが大切です。

保存

よく洗い、ふたをあけた状態でしっかり乾かしましょう。

人形げき

人形げき

難易度 かんたん

材料
- ペットボトル（中）
- 画用紙
- ストロー2本
- ペーパー芯1本

※材料は1体分です。

道具
- はさみ
- のり
- セロハンテープ
- カラーペン

作りかた

1 ペットボトルに画用紙を巻きつけて貼る

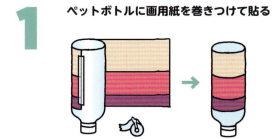

2 飾りつけをする

3 手を作る
少し長めに作ります。

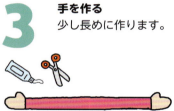
42cm

4 ストローとペーパー芯をつける
手を本体に貼りつけ、ストロー2本をそれぞれの手の裏に貼り、ペットボトルの口の部分にペーパー芯を貼りつけます。

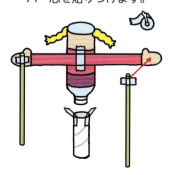

5 人形の完成！

ロボットも作ってみてね！

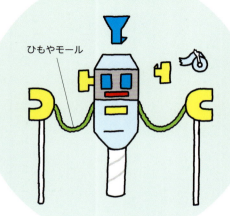
ひもやモール

遊びかた
ストローを動かして、人形の手を動かしてみよう！

クネクネ

ストローなしでも OK！ いろいろな人形を作ってみよう！

らくらくボウリング

たこ糸をピッと引っ張れば、
ピンがひとりでに立ち上がる！
らくらくで楽しい
ボウリング大会ができるよ。

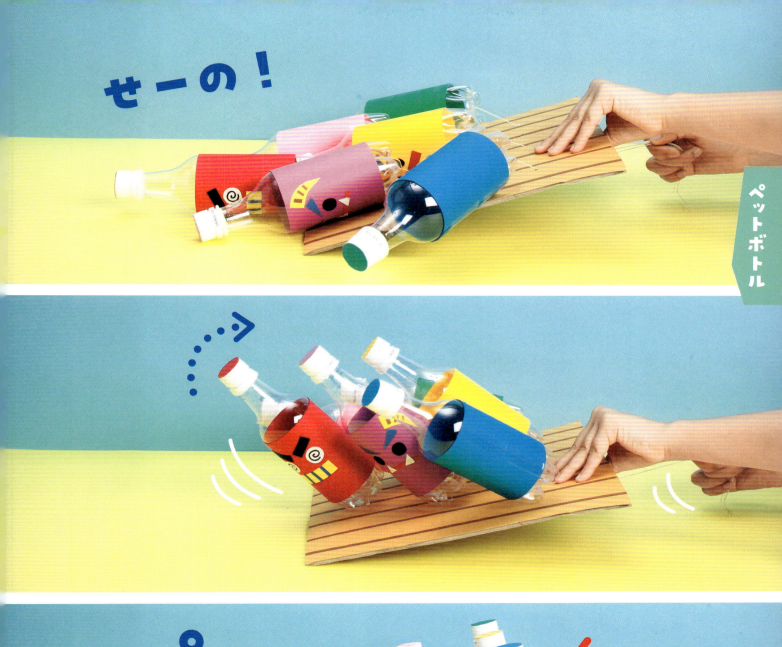

らくらくボウリング

難易度 がんばろう

 材料
- ペットボトル（中）6本
- つまようじ3本　・たこ糸
- 段ボール板　・画用紙

 道具
- はさみ　・のり
- セロハンテープ　・きり
- クレヨン　・カラーペン

※「らくらくミニボウリング」はペットボトル（極小）6本と厚紙を用意してください。

作りかた

1　ペットボトルの底に穴をあける
きりを使って穴をあけます。

2　つまようじをつけたたこ糸を、底の穴に通す

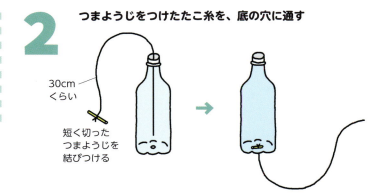

30cmくらい

短く切ったつまようじを結びつける

3　画用紙を巻きつけて貼り、飾りつけをする

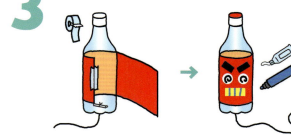  

4　レーンを作る
段ボール板に画用紙を貼って、レーンを作ります。

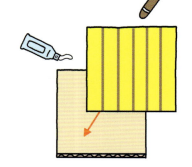

5　穴をあける
あらかじめ穴の印をつけ、きりを使って穴をあけます。

6　たこ糸を通す

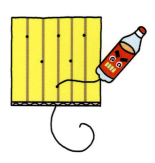

7 たこ糸を引っ張って1か所に束ねる

ペットボトルを立たせた状態で、レーンを手でしっかり押さえながら、たこ糸をピーンと引っ張って1か所に束ねます。

8 たこ糸を結ぶ

1か所に束ねたたこ糸を結びます。セロハンテープを巻いて留めてもOKです。

ペットボトル

バリエーション

極小サイズのペットボトルを使えば、ミニボウリングが作れるよ。

らくらくミニボウリング　作りかた

1〜2
作りかたは「らくらくボウリング」と同じです。

3 飾りつけをする
細長く丸めた画用紙や、細かく切った画用紙などを中に入れて、飾りつけをします。

4 厚紙でレーンを作り、穴をあける
きりを使って穴をあけます。

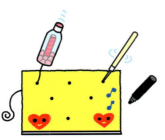

5 たこ糸を通し、1か所に束ねて結べば完成！
作りかたは「らくらくボウリング」の6〜8と同じです。

遊びかた

ピンめがけてボールを転がしてみよう。
ピンが倒れたら、レーンを手でしっかり押さえながら、たこ糸をピーンと引っ張ると、ピンがひとりでに立つよ！
何度も遊んでね！

ガッシャーン

グーッ！

ボールは新聞紙を丸めたものでもOK！

もちろん、たこ糸をつけなくても、ピンをそのまま並べて遊ぶこともできるよ

37

ゆらゆら水族館

たくさんの生き物たちでにぎわうペットボトル水族館。海の中みたいで、とっても素敵！

材料 ・ペットボトル（大）1本　・たこ糸　・つまようじ3本
・ビニールテープ　・竹ぐし1本　・画用紙

 道具 ・はさみ　・セロハンテープ
・カッター　・のり
・カラーペン

作りかた

1 ペットボトルを切って、切り口にビニールテープを貼る

2 画用紙をちぎって入れる

3 つまようじをたこ糸でつなぎ、画用紙で作った生き物にたこ糸をつけてつまようじにぶら下げる
つまようじの先は切り落としておきます。

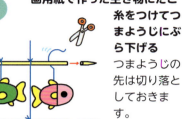

4 3をつなげ、上に竹ぐしをつける

ペットボトルの幅より少し長め
先は切り落としておく

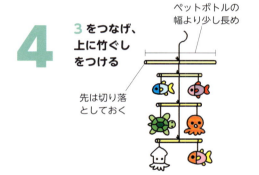

5 4をペットボトルに入れ、竹ぐしの両側をセロハンテープで留めたら完成！

たこ糸1本だけでもかわいい水族館がかんたんに作れるよ。

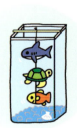

バリエーション

ペットボトルを切らずに作れる水族館にチャレンジ！

作りかた

1 画用紙で生き物を作る
ペットボトルの口（2cmくらい）より小さく作ります。

2 生き物を下から順に入れる
「ゆらゆら水族館」と同様につまようじをたこ糸でつなぎ、生き物をたこ糸でぶら下げ、下から順にペットボトルに入れていきます。

長めに残す

3 ふたをしめて糸を留める

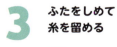

しんかんせん

難易度 ふつう

ビューーン

コロコロ　スゴイ！

大人気ののりものを
ペットボトルで
作ってみよう！
ペットボトルのふたで
できたタイヤが
コロコロ回る、
動くおもちゃだよ。

材料 ・ペットボトル（中）2本　・ペットボトルのふた10個
・ストロー4本　・竹ぐし4本　・クリップ3個
・ビニールテープ

 道具 ・はさみ　・セロハンテープ
・接着剤　・きり

作りかた

1 ストローを切る
ペットボトルの幅より少し長めに切ります。4本とも切りましょう。

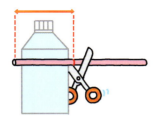

2 ストローに竹ぐしを通す
同じものを4つ作ります。竹ぐしのとがっている方は危ないので、切り落としておきましょう。

6mm　　6mm
ストローより少し長め

3 ペットボトルのふたに穴をあける
きりを使って、ふたの中央に穴をあけます。穴は、竹ぐしの太さに合わせた大きさにしましょう。

4 ふたに竹ぐしを通す
同じものを4つ作ります。竹ぐしが抜けそうな場合は、接着剤で固定しましょう。

5 ビニールテープをペットボトル全体に貼る
同じものを2つ作ります。

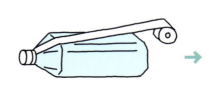
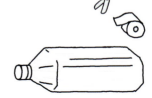

6 ビニールテープで飾りつけをし、タイヤをつける
ペットボトルの底面にタイヤをつけます。

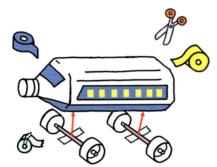

7 クリップを3個つなぎ、車両の連結部分に貼りつけたら完成！

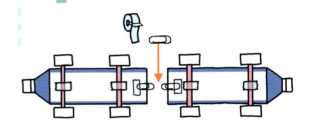

ペットボトル

わなげ

うまくはいるかな？

ペットボトルに
いろいろな飾りつけをして、
わなげ遊びをしよう！
顔や手を貼って
おもしろいピンを作ってね。

材料 ・ペットボトル（中）適宜　・モール　・画用紙
・新聞紙　・厚紙　※厚紙は段ボールでも代用できます。

 道具 ・はさみ　・のり
・セロハンテープ
・ガムテープ　・カラーペン

作りかた

1 ペットボトルに画用紙を巻きつけて貼る

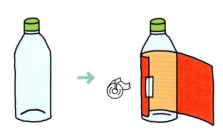

2 飾りつけをする
髪や手にはモールを使います。

3 ピンを厚紙に固定する
丸めたガムテープをペットボトルの底に貼ってつけます。

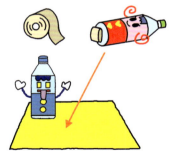

4 バランスよく並べる

5 新聞紙を縦長に切る

6 新聞紙をひねりながら丸める

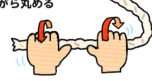

7 つなげて留める

遊びかた

全部入るまで競争してみよう。
ピンの色で得点を変えるなど、
工夫して遊んでみてね！

ペットボトル

コロコロゴムカー

難易度 ふつう

ゴムの力で
コロコロコロ〜
と走るよ。
みんなで競争して
遊んでみてね！

コロコロコロコロ〜

44

・ペットボトル1本　・輪ゴム2本
・割りばし1本　・ストロー1本　・ビニールテープ

 ・はさみ

※ペットボトルは側面が丸いものを用意してください。

作りかた

1 割りばしを切る
割りばしを割って切り込みを入れ、折ります。

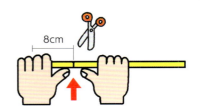

2 輪ゴムを割りばしに取りつける
輪ゴムを2本セットにして、割りばしに通して引っ張り、取りつけます。

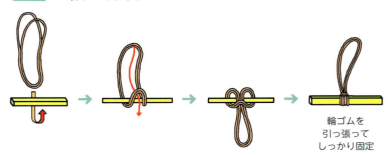

輪ゴムを引っ張ってしっかり固定

3 割りばしをペットボトルに入れる
割りばしを入れたら、割りばしが水平になるようにしましょう。

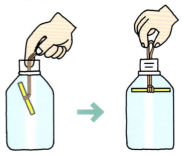

4 ストローを輪ゴムに通してビニールテープで飾りつけたら完成！

遊びかた

1 ストローをくるくる回す

2 そっとテーブル（床）に置く

3 手をはなすと……ボトルカーが転がりながら走っていくよ！

コロコロ〜

ペットボトル

45

ポンポコ どうぶつ

ポンポコポンポコ、ポコポコポコ♪
森のゆかいなポンポコ音楽隊が
やってきたよ！

材料 ・ペットボトル（中）1本　・ひも2本（各20cmくらい）
・ペットボトルのふた3個　・画用紙

 道具 ・はさみ　・両面テープ
・きり　・セロハンテープ

作りかた

1 ペットボトルのふたに穴をあける
きりを使ってふたの中央に穴をあけます。穴は、ひもの太さに合わせた大きさにしましょう。

2 穴にひもを通して結び、手を作る
同じものを2つ作ります。

ワンポイント
穴をあけず、ひもをそのまま貼りつけるだけでもOKです。

ペットボトル

3 ペットボトルに手をつける
水平になるように留めましょう。

4 飾りつけをする
画用紙で作った顔を貼りつけます。

両面テープ

完成！

バリエーション
いろいろなサイズのペットボトルでいろいろなどうぶつを作ってみてね。

遊びかた
下の部分を持って左右に振ると、手がペットボトルに当たってポコポコと楽しい音がするよ。

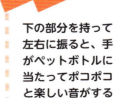

ポンポコポン

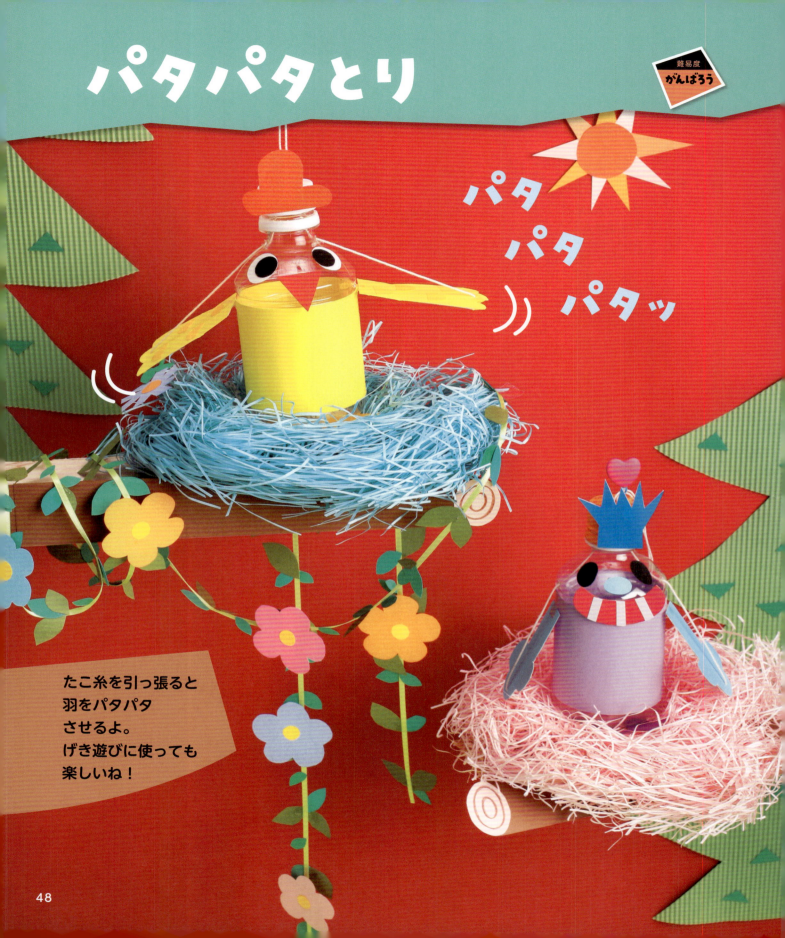

・ペットボトル（小）1本 ・たこ糸
・厚紙 ・画用紙

 ・はさみ ・きり ・のり
・セロハンテープ ・カラーペン

作りかた

1 3か所穴をあける
側面の穴は、水平になるように注意してください。

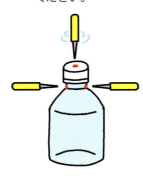

2 画用紙を巻きつけて貼る

3 厚紙で作った羽をつけ、飾りつけをする
ちょうつがいのように動くよう、両側からセロハンテープではさむようにして貼りつけます。

4 たこ糸を通す
たこ糸の先を羽に貼りつけ、側面の穴→ふたの穴の順に糸を通します。ふたを外した状態で糸を通し、そのあとふたを戻すとかんたんです。

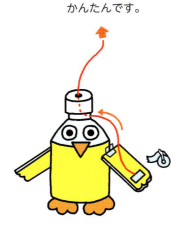

5 両側から通した糸を結べば完成！
たこ糸を引っ張って羽が動くか確認しましょう。

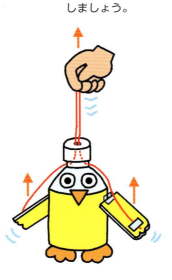

バリエーション

いろいろな人形にアレンジしてみてね。

ペットボトル

49

どうぶつちょきんばこ

難易度 かんたん

ぼくにもいれて！

チャリン

ペットボトルと
フェルトを
組み合わせたら、
かわいいちょきんばこが
できたよ！

ペットボトルの、かわいいちょきんばこ！

ちょきんするよ！

材料 ・ペットボトル（ぶた、ペンギン：小 各1本 わに：中1本）・フェルト適宜

 道具 ・はさみ ・両面テープ ・接着剤 ・カッター ・カラーペン

ペットボトル

ぶたちょきんばこ 作りかた

1 ペットボトルにフェルトを巻きつけて貼る

2 フェルトでパーツを作り、貼りつける

3 穴をあける

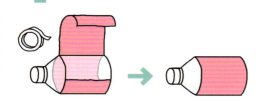

わにちょきんばこ 作りかた

1 ペットボトルにフェルトを巻きつけて貼る
端を余らせて貼ります。

2 フェルトでパーツを作り、貼りつける
口の部分は切り取って、歯をつけましょう。

3 穴をあける

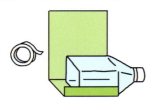

ペンギンちょきんばこ 作りかた

フェルトを巻きつけて貼り、パーツを貼りつける

完成！

ペットボトルの口から、1円玉が入ります。

注意！
穴をあける作業は危険なので、必ず大人がやるようにしましょう。

マラカス

シャカシャカシャカ！ マラカスのリズムに
あわせておどっちゃおう！

 材料
- ペットボトル（小）2本
- ビーズ適宜
- ペットボトルのふた6個
- ビニールテープ
- モール

※材料は2本分です。

 道具
- はさみ
- セロハンテープ

作りかた

1 ビーズを入れる

ビーズを入れたらふたをしめます。

2 ビニールテープで飾りつけをし、持ち手をつける

ペットボトルのふた2個をセロハンテープで留め、さらに本体にビニールテープで貼りつけて持ち手を作ります。

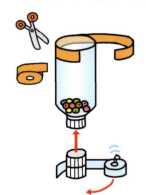

3 モールなどで飾りつけをする

4 2つ作ればマラカスの完成！

3 レトルト箱

素材の特徴

レトルト食品の箱は、子どもの手になじむサイズで、作りがしっかりとしており、紙の厚さや硬さも工作にに向いた素材です。集めやすく、同じ大きさのものを揃えやすいところも便利です。

種類

サイズ

商品によって若干の違いはありますが、レトルトカレーやシチューの箱は、およそ縦17cm、横13cm、厚さ1.7cmです。平らなお菓子の箱も同じように使用することもできます。

工作のポイント

切る

レトルト箱は厚紙です。はさみで切るときは注意してあげてください。うまく切れないときは、大人の手伝いが必要です。

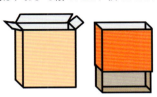

切り抜く

切り抜くときは、カッターで切れ目を入れ、はさみで切り取ります。

厚紙を利用する

どうぶつなどを作るとき、足や支えの部分は厚紙を使うと、しっかりします。

パクパク人形

| 材料 | ・レトルト箱1個
・画用紙
※材料はどの人形もすべて同じです。 | 道具 | ・はさみ　・のり
・セロハンテープ
・カラーペン |

難易度 **ふつう**

うさぎ　作りかた

1　箱の口をセロハンテープで留め、1面を残して真ん中で切る

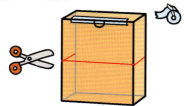

2　箱を半分に折り曲げる　　切り口を向こう側にします。

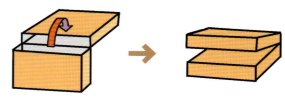

3　長方形に切った画用紙を箱の側面に貼りつける

口の中なども画用紙で飾りつけをします。

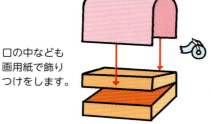

4　画用紙で作った耳と足を貼りつけ、顔を描く

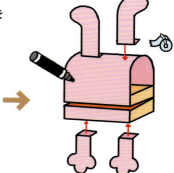

5　完成！

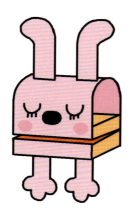

遊びかた

箱の中に指を入れ、箱をはさむように持って人形の口を動かすよ。

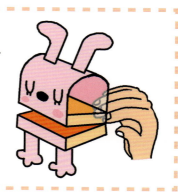

おばけ 作りかた

1〜3
作りかたは「うさぎ」と同じです。

4
画用紙で顔のパーツを作って貼りつける

5
しっぽをつければ完成！

とり 作りかた

1〜3
作りかたは「うさぎ」と同じです。

4
画用紙で顔のパーツを作って貼りつける

5
羽や顔の飾りつけをして完成！

レトルト箱

みんなでいろいろな人形を作って遊んでみてね！

はたらくくるま

難易度 がんばろう

ぐいーんとのびる
はしご車や、パワーショベル、
カッコイイはたらくるまが
大集合！

ウィーン

ガガガガ

レトルト箱

はたらくくるま（パワーショベル）

難易度 がんばろう

材料
- レトルト箱3個
- 厚紙
- 適当な紙箱1個
- 画用紙
- ペットボトルのふた1個
- たこ糸

道具
- はさみ
- セロハンテープ
- のり
- 接着剤
- カラーペン
- たこ糸
- 両面テープ（補強用）

作りかた

1 レトルト箱を2個重ねて貼りつける

2 画用紙を貼った紙箱にペットボトルのふたをつけ、くるまの土台に貼る

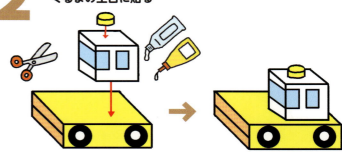

3 別のレトルト箱を4.5cm幅に切り取る

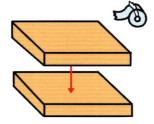

4 厚紙に切り込みを入れて、半分に折る

5cm / 25cm

5 厚紙でシャベルの部分を作る

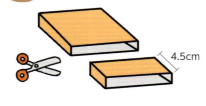

6 シャベルにたこ糸をつけて、台の箱にしっかりと貼る

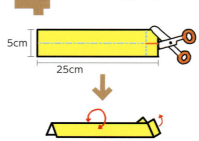

7 くるまに貼りつけて、完成！
指で押すと、クレーンが上下に動くよ！

あがる / おす

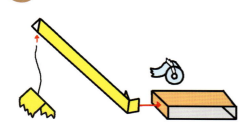

60

（ダンプカー、はしご車）

難易度 がんばろう

材料
- レトルト箱3個
- 画用紙
- ペットボトルのふた

※はしご車はレトルトの箱を5箱用意してください。

道具
- はさみ
- セロハンテープ
- のり ・接着剤
- カラーペン
- ホチキス

ダンプカー 作りかた

1 レトルト箱の1個を切れ目を入れて二つ折りにする
もう1個は1面を取って1辺をひらきます。

2 3個の箱を貼り合わせる
二つ折りにした箱に画用紙を巻いて、くるまの前の部分を作ります。

3 飾りつけをして、完成！
荷台が傾けられるよ！

レトルト箱

はしご車 作りかた

1 くるまの部分とはしごを作る
ダンプカーと同じように、レトルトの箱を3個貼り合わせて画用紙を巻き、くるまを作ります。はしごは3cm幅に切ったレトルト箱をホチキスでつなげて作ります。

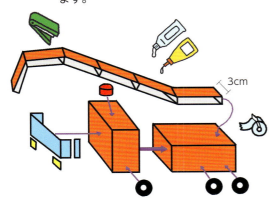

2 貼り合わせて飾りつけをして、完成！
はしごは端だけをつけ、折りたたみます。
はしごが伸びたり縮んだりするよ！

いろいろなくるまを作って遊んでみよう！
ショベルの先をかえてクレーン車にしても楽しいよ！

パカパカうま

とってもかんたんに作れちゃう、
パカパカ走るうま。
早足、かけ足、そろそろ足……。
みんな並んで、ようい、どん！

材料 ・レトルト箱 1 個 ・画用紙

 道具 ・はさみ ・ホチキス ・セロハンテープ ・のり ・カラーペン

作りかた

1 箱のふたの部分を切り取り、赤線のように切る

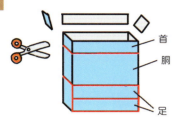

2 胴は 1 面を残して真ん中で切り、足は 4 本切り取る

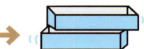
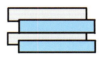

3 首を胴に留める

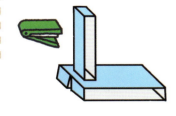

4 足を胴に貼りつける

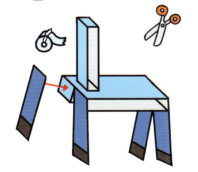

5 画用紙で頭としっぽを作り、貼りつけて完成！

レトルト箱

遊びかた

両わきを持って前後に動かすと、うまが歩くよ！

パカパカ　パカパカ

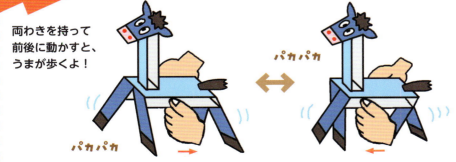

パオーンぞう

箱をつなげるだけで
鼻がぐぐーっと持ち上がる
たのしいおもちゃ。
鼻をなが〜くしても
おもしろいよ。

はながうごくぞう〜

ピーン

材料 ・レトルト箱1個 ・画用紙

 道具 ・はさみ ・ホチキス ・のり ・カラーペン

作りかた

1 箱を切り、輪切りを2つ作る

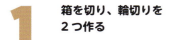
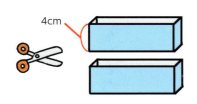

2 ホチキスでつなげて、ぞうの鼻を作る

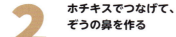
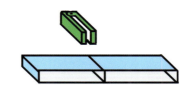

3 画用紙でぞうの顔を作る

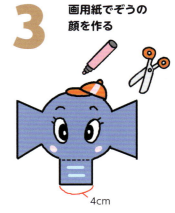

レトルト箱

4 画用紙で他のパーツも作る

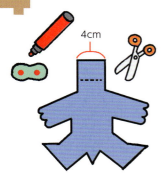

5 パーツを貼り合わせて、完成！

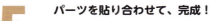
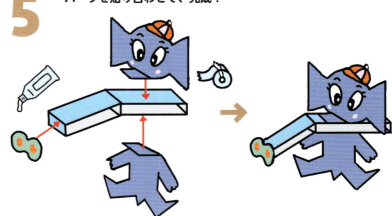

遊びかた

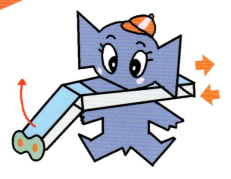

鼻の後ろを前後に動かすと……

パオーッ！

鼻が持ち上がるよ！

65

びっくり！ へんしん顔

材料 ・レトルト箱1個 ・画用紙

 道具 ・はさみ ・カッター ・のり ・セロハンテープ ・カラーペン

作りかた

1 箱のふたの部分を切り落とし、画用紙で作っためがねを貼る
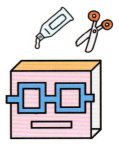

2 めがねの内側と口をカッターで切り抜く
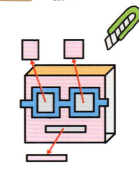

3 画用紙で髪と舌を作り、髪を上の面に貼りつける

レトルト箱

4 舌は口を通して、箱の後ろの面に貼る

5 顔の面を上に倒して、目を描く

6 顔の面を下に倒して、ちがう形の目を描いて、完成！

遊びかた

箱の前と後ろを持って、上下に動かすと、顔の表情が変わるよ！
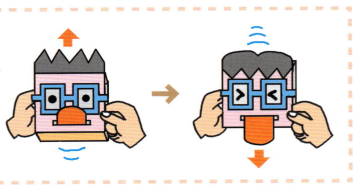

バリエーション

いろんな顔を作って遊ぼう！

ねことねずみ

難易度 かんたん

ねずみがこないかニャー?

おいしそうなチーズでチュ

チーズをねらうねずみと、ねずみをねらうねこ……。左右にパタパタするだけでおいかけっこができちゃうよ!

68

材料 ・レトルト箱 1 個
・画用紙

 道具 ・はさみ　・のり
・カラーペン

作りかた

1 箱のふたと底の部分を切り取る

2 画用紙にレンガの壁を描いて、貼りつける

3 画用紙でねことねずみを作る

4 片面にねこを貼り、反対の面にねずみを貼って完成！

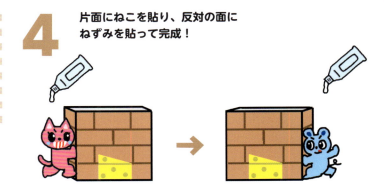

レトルト箱

遊びかた

左右にパタパタして、お話を作って遊ぼう！

69

かえるの がっしょう

かえるがケロッ、並んだかえるもケロケロロ！

ユニークなかえるたちの合唱大会が始まるよ！

材料 ・レトルト箱1個 ・画用紙

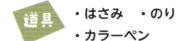 **道具** ・はさみ ・のり ・カラーペン

作りかた

1 箱のふたと底の部分を切り取る

2 1面を残して、切り込みを入れる

3 画用紙で、かえるの頭と口の中を作る
3つ作ります。

レトルト箱

4 口を半分に折り、顔の下半分に貼りつける

5 顔と口の裏側を、箱の上と前面に貼る

6 もう2つの顔も同じように作って貼れば、完成！

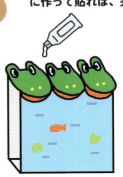

遊びかた

手を入れて下に引くと、かえるの口がひらくよ。

ケロケロロ♪　ゲロゲログゲグ♪

パタパタさせて、かえるたちに合唱させよう！

71

はみがきごしごし

口を大きくあーんとあけて、
奥まではみがきぴっかぴか！
さあ、みんな揃って、
ゴッシゴシ！

奥までしっかりみがこうね。

・レトルト箱1個
・画用紙

 ・はさみ ・のり ・接着剤
・セロハンテープ ・えんぴつ
・カラーペン

作りかた

1 箱の両側を切り取り、服を貼る
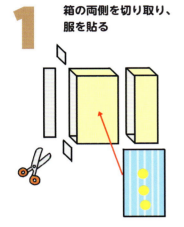

2 画用紙で顔を作る
箱の幅より少し広く

3 顔を画用紙にあてて顔の形をなぞり、切り取る
切り取った画用紙に、口の中を描きます。
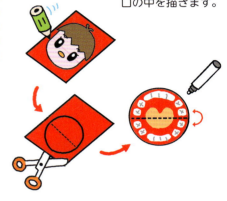

レトルト箱

4 口を半分に折り、顔の下半分と貼り合わせる

5 顔と口の裏を、箱に貼りつける
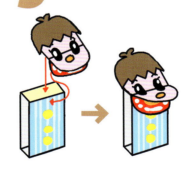

6 画用紙で腕や歯ブラシを作り、箱の背中の内側に貼る

女の子も同じように作ります。

遊びかた

箱を上下に動かすと、大きく口をあけるよ！

73

かみしばい

かんたんにできる手作りかみしばい。
素敵なフレームで飾っちゃおう。

難易度 かんたん

材料
・レトルト箱1個
・画用紙

道具
・はさみ
・カッター
・カラーペン

作りかた

1 箱のふたの部分を切り取る

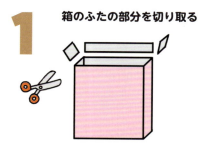

2 表と裏の面を、四角く切り抜く

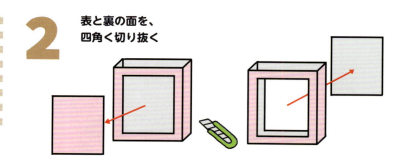

3 箱のサイズにあわせて画用紙を切り、かみしばいの絵を描く

4 絵の裏にお話を書く
絵を見せながらお話が読めるように、順番を考えて書きましょう。

<表>

<裏>

いろんなものに使えるよ！

額ぶちにして、壁にかけて絵を飾ろう。

写真を入れて、写真たてに！

4 ティッシュ箱

素材の特徴

ティッシュ箱は比較的柔らかいボール紙でできているため、子どもでも切りやすく、力を入れずにかんたんに折り曲げることができるので、工作に最適な素材です。

種類

サイズ

商品によってティッシュペーパーの枚数やサイズが異なるため、箱のサイズにもいくつかの大きさがあります。一般的に家庭で多く使われている、パッキングされた（5箱パックなどの）箱のサイズは、およそ縦11〜12cm、横24〜25cm、高さ5〜6cmで、本書ではこのサイズの箱を使用しています。

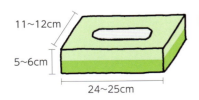

これ以外のサイズの箱でも作れるよ

工作のポイント

ビニールをはがす

取り出し口のビニールをはがすときは、指を傷つけないように気をつけましょう。

保存

箱を平たくつぶして保存するとかさばらなくてよいのですが、箱の強度が落ちるため、できるだけそのままの状態で保存するのをおすすめします。

つぶした場合は、セロハンテープでしっかり補強してね

色・柄

作品にあわせてパッケージの柄を変えると、より素敵な作品になりますよ。箱の柄をそのまま生かしてもいいですね。

お口にポーン!!

難易度 かんたん

ボールを
ポーンと投げると
大きなお口が
パクッと
食べちゃう

ポイッ

いろ～んなかおが だいしゅうごう!

ポーン

ティッシュ箱

お口にポーン!!

難易度 かんたん

材料
・ティッシュ箱 1 個
・画用紙
※材料は 1 個分です。

道具
・はさみ
・セロハンテープ
・のり　・カラーペン

かえる 作りかた

1 口の部分を大きく切り取る

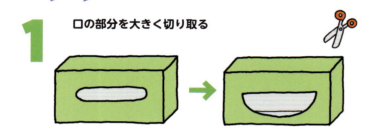

2 飾りつけをする

おばけ 作りかた

1 口の部分を大きく切り取る

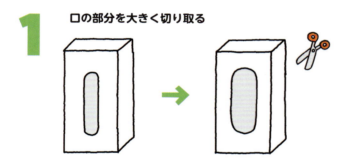

2 飾りつけをする

バリエーション

おもしろい顔、おこった顔、かわいい顔、泣いた顔……
いろいろな顔を作ってみよう!

遊びかた

まずはティッシュペーパーを
丸めてセロハンテープで留め、
ボールをたくさん作ろう！

作った「顔」を壁に貼りつけて、
口の穴をめがけてボールを投げよう。
うまく入るかな？
みんなで遊ぶと、とっても盛り上がるよ！

バリエーション

ティッシュ箱に飾りつけをするだけで、ユニークなティッシュケースに大変身！

ティッシュ箱

ひよこケース **作りかた**

1 ティッシュ箱に飾りつけをする

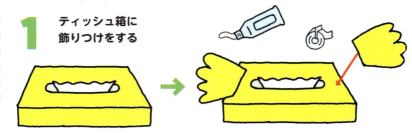

2 完成！
そのまま使えるかわいいティッシュ
ケースのできあがり！

ティッシュがなくなったら、箱の横をあけて補充してね。

79

くるまでゴー!

くるまでゴー！

| 材料 | ・ティッシュ箱2個
・ひも1本（120cm）
・画用紙 | 道具 | ・はさみ
・セロハンテープ
・のり
・カラーペン |

※材料は1台分です。
※「オープンカー」はティッシュ箱1箱でOKです。

 作りかた

1 ティッシュ箱を切り取る
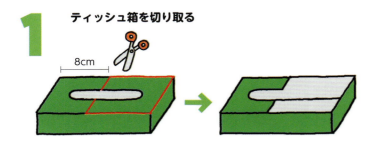

2 別の箱を切る
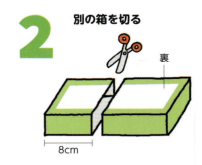

3 切った箱を上にのせる
荷台部分に使う
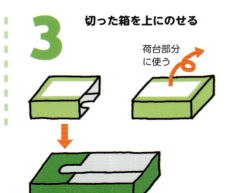

4 セロハンテープで固定する
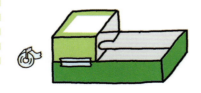

5 飾りつけをする

6 箱の底にひもをつける
120cm
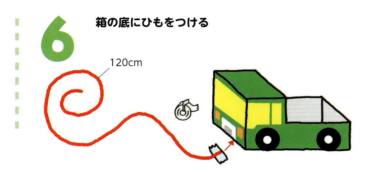

バリエーション 余った箱を荷台部分につけると、ふた付きの小物入れとしても使えるよ！

オープンカー 作りかた

1 ティッシュ箱を切る
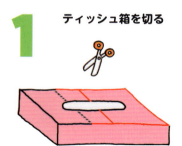

2 窓を作る
切った部分を立ち上げます。
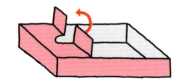

3 飾りつけをする

穴は画用紙でふさぐ

バリエーション

いろいろなくるまを作ってみよう！

ラップの箱

ティッシュ箱

遊びかた

ボールなどを使って、荷物運びゲームができるよ。
いろいろなゲームを考えて遊んでみてね。

いろいろなものをのせて、
ドライブにレッツゴー！

きょうのお客様は
かえるちゃん。

おしゃべりしろくま

パクパクッ

おしゃべりが大好きな
しろくまさんが
ぺちゃくちゃぺちゃくちゃ……。
なにをお話ししているのかな？

わーい！
おはなし
しようよ

材料 ・ティッシュ箱1個　・画用紙
※材料は1体分です。

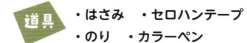 **道具** ・はさみ　・セロハンテープ
・のり　・カラーペン

作りかた

1 ティッシュ箱の1辺を残して切る

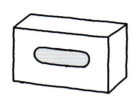

2 縦にひらいて上下の面を切り取る

3 折り目をつける
破線部分を山折りにして折り目をつけます。反対側も同様に折り目をつけます。

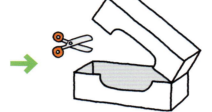

4 箱をひらいてつぶし、しっかりと折り目をつける

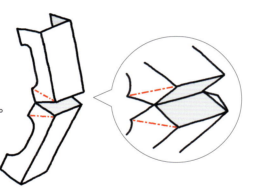

5 両端をセロハンテープで留める
箱の両端を、内側からセロハンテープで留めます。はがれないようにしっかりと留めましょう。

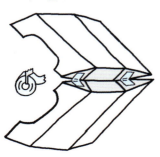

6 くまの形に切る

折る

7 飾りつけをしたら完成！

ティッシュ箱

パクパクわに

難易度
ふつう

パクパクッ。食べちゃうぞ〜。
しっぽを引っ張ると口がガバッと
ひらく、迫力満点のわにだよ。

こんにちは〜

カパッ カパッ

材料 ・ティッシュ箱1個 ・画用紙

 道具 ・はさみ ・のり ・セロハンテープ ・カラーペン ・クレヨン

作りかた

1 ティッシュ箱を切る
上の面を残して切ります。

2 しっぽを作る
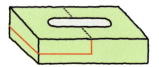
9.5cm / 25cm

3 しっぽを貼りつける

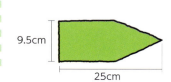
3cm

4 帯を巻きつけて留める
画用紙で帯を作り、箱の端にあわせてふんわりと巻きつけて留めます。
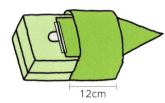
12cm

5 顔と歯を作って貼りつける

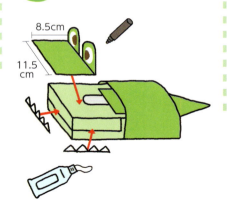
8.5cm / 11.5cm

6 鼻と手足を貼りつける
画用紙を筒状に丸めて作った鼻を貼りつけたら本体のできあがり。

ティッシュ箱

7 口の中を作る
画用紙に口の中の絵を描きます。

8 口をあけて絵を貼りつけたら完成！
たるませて上下を貼りつけます。

遊びかた

パクパク

しっぽを引いたり戻したりすると、口がひらいたりとじたりするよ。

87

山へゴー！

難易度 かんたん

山へドライブにしゅっぱーつ！
クネクネ山道もうまく
のりこなしちゃおう！

コトコト…

ブブブブー

材料 ・ティッシュ箱 1 個 ・画用紙

 道具 ・はさみ ・のり ・カラーペン

作りかた

1 ティッシュ箱に画用紙を貼る

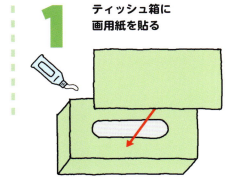

2 好きな形に切り取る

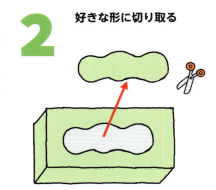

3 穴の周りに道を描く

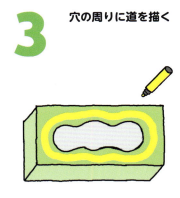

4 飾りつけをする

5 くるまを作る
くるまの形を描いて切り取り、折り曲げます。

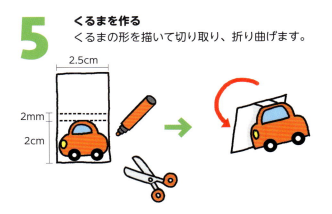

6 くるまを箱の内側に掛けたら完成！

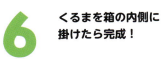

遊びかた

のりものをティッシュ箱に掛けて、箱を動かしてみよう。まるでのりものが走っているように動くよ。落とさずに一周できるかな？

ティッシュ箱

89

ポロロンウクレレ

難易度 かんたん

ポロン、ポロロン、ポロロロロ〜ン。手作りウクレレ片手に気分はアロハ〜♪

ポロロン♪

・ティッシュ箱1個　・割りばし1本
・輪ゴム4本　・厚紙　・画用紙

 ・はさみ　・のり　・セロハンテープ
・ガムテープ　・カラーペン

作りかた

1 ティッシュ箱に飾りつけをする

2 割りばしを折って貼る
割りばしを割って切り込みを入れ、半分に折ります。
斜めに貼ることで、違う高さの音が出せる

3 輪ゴムを横に4本掛ける

4 裏返して、輪ゴムの上からセロハンテープを貼る
両端をセロハンテープで貼って押さえます。

ティッシュ箱

5 厚紙と画用紙で柄の部分を作る
23cm

6 柄を箱の裏に貼る
ガムテープでしっかり貼りつけます。

遊びかた

指でゴムを弾いてみよう！　いろいろな音が出るよ。音の高さの違いを楽しもう！

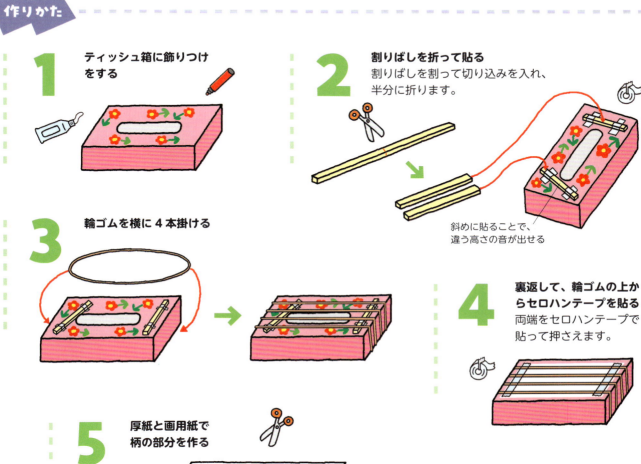
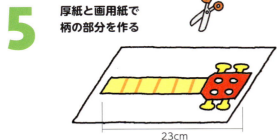

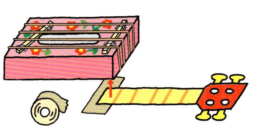

91

パックンどうぶつ

難易度 ふつう

ニャン

大きな口をあけた
どうぶつたち。
口の中には
なにが入って
いるのかな？

ワンワン

・ティッシュ箱1個 ・画用紙
※材料は1体分です。

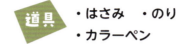 ・はさみ ・のり
・カラーペン

作りかた

1 ティッシュ箱に切り込みを入れる

2 矢印の方向にゆっくり押しひらく

3 つぶして平らにする
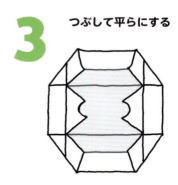

4 横に向ける

5 上下の口を作り、中心に合わせて貼りつける
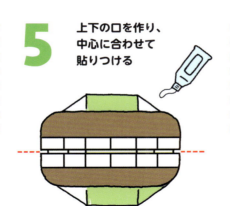

6 飾りつけをする

ティッシュ箱

バリエーション
飾りつけを変えれば、いろいろなどうぶつが作れるよ。

遊びかた

口をパクパク動かしてお話ししよう！
口の中には好きな絵を貼ってね。

93

トコトコ競争

がんばれー！
がんばれー！
トコトコレースの
一等賞はだれかな？

材料 ・ティッシュ箱1個　・せんたくばさみ7個
・ひも1本（50cmくらい）　・画用紙
※材料は1体分です。

 道具 ・はさみ　・セロハンテープ
・のり　・カラーペン

作りかた

1 ティッシュ箱を半分に切る
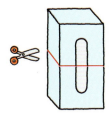

2 切り取る
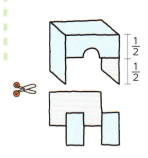

3 横の面に切り込みを入れて、足を作る
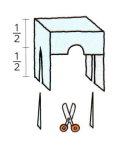

4 画用紙で、頭、首、しっぽを作る

5 各パーツを貼りつける
胴体とひづめの部分も画用紙で作ります。

6 首の下にひもをつけ、足にせんたくばさみをつける
ひもの先にはせんたくばさみを3個つけます。
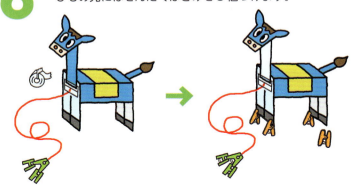

ティッシュ箱

遊びかた

テーブルなどにひもを垂らすと、うまがトコトコ歩き出すよ。表面がつるつるした所では滑ってしまうので、その場合は下に画用紙や布などを敷いてみてね。
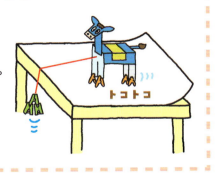

バリエーション

ティッシュ箱を横半分に切ると、バリエーションが楽しめるよ。

95

おしゃれバッグ

きょうはどのバッグを持って
おでかけしようかな？

難易度 かんたん

材料
- ティッシュ箱1個
- リボン2本（35cm くらい）
- 画用紙

※材料は1個分です。

道具
- はさみ　・ホチキス
- のり　・カラーペン

作りかた

1 ティッシュ箱に切り込みを入れる
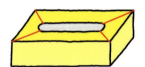

2 短い方を内側に折り込む
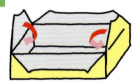

3 ホチキスで留める

4 残りの面を立てる
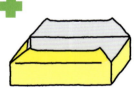

5 リボンを2本用意する
リボンは画用紙でも代用できます。
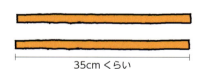
35cm くらい

6 リボンをホチキスで留める
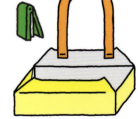

7 飾りつけをする
箱の色をそのまま生かしてもすてきです。

バリエーション
いろいろな模様のバッグを作ってみよう！

5 プラ容器

素材の特徴

家庭から出されるゴミの中で、多くの割合を占めているのが「プラスチックゴミ」。容器包装として多く使われています。軽くて柔らかいプラ容器は、子どもでもはさみやカッターを使ってかんたんに切ることができます。また、水に強い・浮く、着色しやすいなど、工作にぴったりの素材です。

種類

カップめん、プリン、ゼリー、洗剤のボトル、野菜や果物の容器、肉や魚の発泡スチロールトレイ、たまごパックなどなど、私たちの身の回りにはプラ容器がたくさん。種類が豊富で、集めやすいのもプラ容器の特徴です。

カップ

ボトル

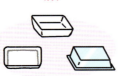
トレイ

工作のポイント

着色・接着

水に強い素材なので、着色は油性のカラーペンがおすすめ。接着には、セロハンテープやビニールテープなどを使います。

収集・保存

プラ容器は、内容物や容量によってさまざまな種類や形状があります。集めるときには、どんな容器が必要なのかをきちんと伝えるとともに、保存のポイントもあわせて伝えるとよいでしょう。

洗剤をつけたスポンジを使って、湯でよく洗う。洗ったらしっかり乾かしておく。

パック

エコランド

楽しいエコランドにようこそ！いろいろな種類のプラ容器を使って、どうぶつやのりものを作ってみよう！

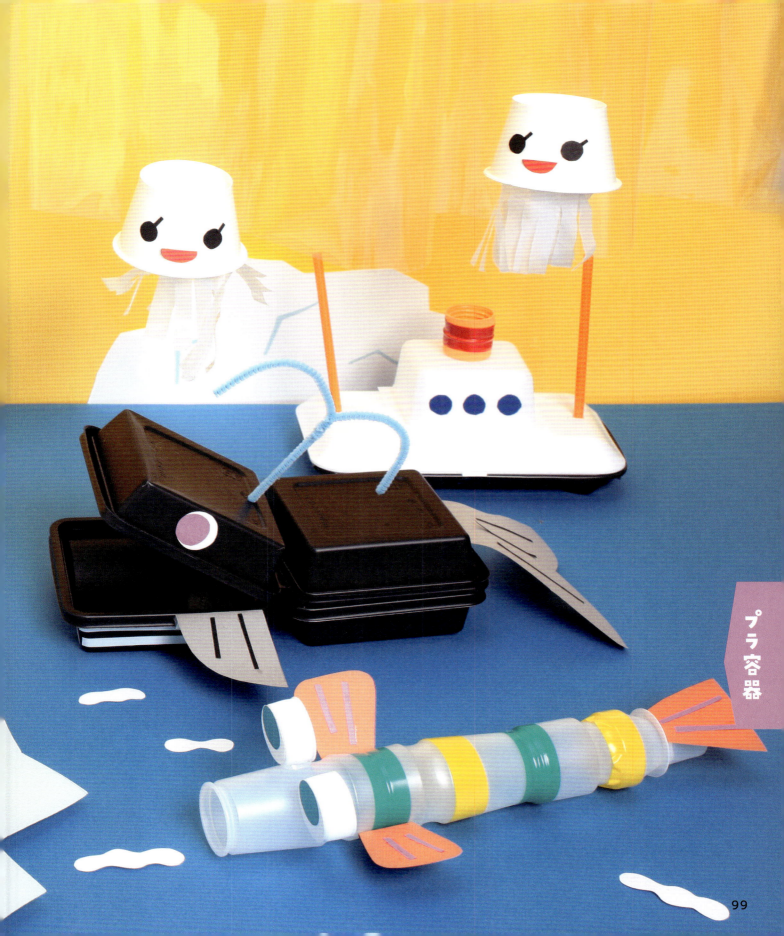

プラ容器

エコランド

難易度 かんたん

材料
- プラ容器（トレイ、乳酸菌飲料、プリン、ゼリー、豆腐、コーヒーミルクなど）
- ペットボトルのふた ・ストロー ・モール ・ビニール袋
- ビニールテープ ・折り紙 ・画用紙 など適宜

道具
- はさみ
- えんぴつ
- セロハンテープ
- 接着剤
- カラーペン

ペンギン 作りかた

1 ボトルにペンギンの頭を貼る
折り紙を丸めて作ったペンギンの頭を、ボトルに貼りつけます。

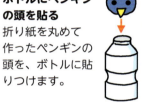

2 羽をつけ、飾りつけしたら完成！

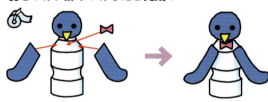

白くま 作りかた

1 パックにボトルを4本つける
ボトルが足になります。

2 白くまの頭を作り、本体につける
カップにペットボトルのふたの耳や鼻をつけて、頭を作ります。

3 白くまの完成！

ふね 作りかた

1 トレイを2枚重ねて貼る

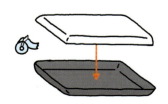

2 パックで作った飾りをつけ、ストローをさす
えんぴつなどを使ってトレイに穴をあけ、ストローをさし込んで接着剤で留めます。

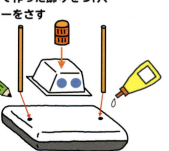

3 ふねの完成！

100

くじら 作りかた

1 パックを貼り合わせたものを2つ作り、つなげる
前面はくじらの口がひらくように、1か所だけ留めるようにしましょう。

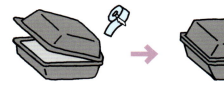

2 画用紙やモールで飾りつけをしたら完成！

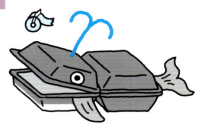

さかな 作りかた

1 ボトルやカップを貼り合わせる
さかなの口の部分は、ボトルを切ったものを使います。

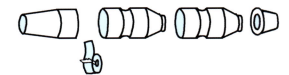

2 飾りつけをしたら完成！
目はペットボトルのふたで作ります。

くらげ 作りかた

1 カップにビニール袋で作った足をつける

2 油性のカラーペンなどで飾りつけをしたら完成！

プラ容器

さあ、どんなエコランドができあがるかな？

おさんぽ人形

おさんぽ人形

難易度
ふつう

材料
- カップめんなどの容器 1 個
- モール　・画用紙
- 輪ゴム 1 本　・たこ糸
- 電池（単 1 または単 2）1 個

道具
- はさみ　・竹ぐし
- セロハンテープ
- 接着剤
- カラーペン（油性）

おさんぽ人形の基本形　作りかた

1 容器に切り込みを入れる

2 容器の底に穴をあける
竹ぐしなどを使って穴をあけます。

3 切り込みに輪ゴムをかける

4 電池を輪ゴムに水平に貼りつける

5 電池を同じ方向にぐるぐると 10 回くらい巻く

6 電池を巻いたまま、たこ糸をセロハンテープで貼りつける

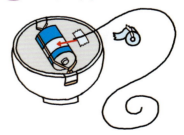

7 たこ糸の先を底の穴に通し、先にモールの持ち手をつける

遊びかた

たこ糸をゆっくり持ち上げピーンと張って手をはなすと、電池が回転してトコトコ進むよ。

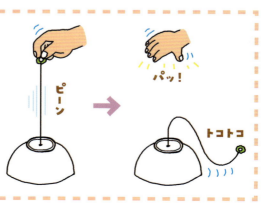

104

バリエーション

基本形ができたら、画用紙で好きなどうぶつの顔やしっぽなどの
パーツを作って貼りつけよう！

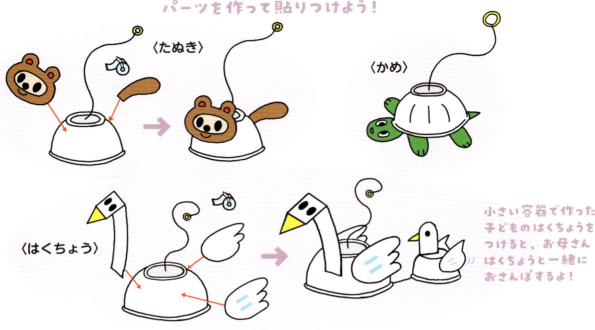

容器の種類を変えても作れる！
カップめんなどの細長い容器を使って、ロボットを作ってみよう。
飾りつけに別のプラ容器を使うのもいいね。

ロボット  作りかた

1〜7

作りかたは「基本形」と同じ
ですが、たこ糸を通す穴の位
置は、底ではなく側面にあけ
ます。

8
別の容器やストローなど
で飾りつけをする

9
ロボットの
完成！

プラ容器

105

パタパタかめさん

難易度 がんばろう

かめさんのしっぽを引っ張ると、頭と足が動く！足がパタパタ動く様子がユニークでおもしろいおもちゃだよ。

106

・カップめんなどの容器1個　・ストロー4本
・画用紙　・輪ゴム2本

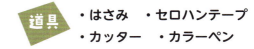 ・はさみ　・セロハンテープ
・カッター　・カラーペン

作りかた

1 ストローを継ぎ足して長くする
別のストローを短く切って先に切り込みを入れ、継ぎ足して長くしたものを3本作ります。

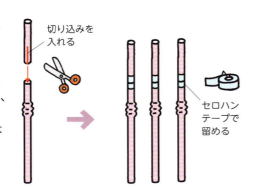

2 ストローをクロスさせ、輪ゴムで留める

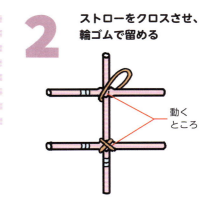

3 容器にカッターで穴をあけ、ストローを通す
かめの足と頭、しっぽの穴を6か所あけます。

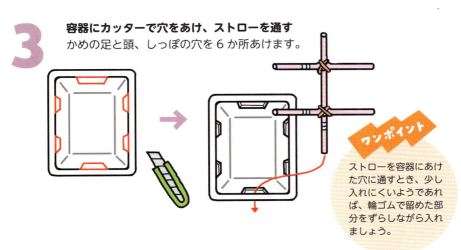

ワンポイント
ストローを容器にあけた穴に通すとき、少し入れにくいようであれば、輪ゴムで留めた部分をずらしながら入れましょう。

4 かめの本体は完成！

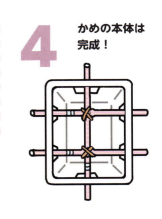

5 表を向けて、かめのパーツを貼りつける

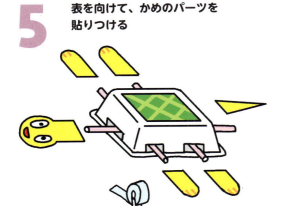

遊びかた

しっぽを引っ張るとかめの頭と足が動くよ！

プラ容器

ミニわなげ

わなげといっても
手の中に収まる
"ミニ"わなげ。
ポンポンッと揺すって、
輪っかをうまく
入れてね。

遊びかた

容器を振って、
中の的に輪を
入れて遊ぶよ。

シャカシャカ！　シャカシャカ！

材料 ・プラ容器1個 ※透明で深さのあるもの ・アルミホイル
・つまようじ適宜 ・画用紙 ・段ボール板

 道具 ・はさみ ・セロハンテープ
・カッター ・のり
・カラーペン

ミニわなげ 作りかた

1 容器より少し大きめに段ボール板を切る

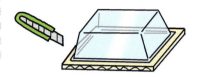

2 段ボール板に画用紙を貼りつける

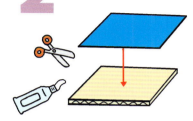

3 さかなを作り、裏につまようじを貼りつける

つまようじが長い場合は短く切ります。さかなから少しはみ出すように貼りつけましょう。

4 アルミホイルで輪っかを作る

アルミホイルを小さく切ってより、輪っかにします。

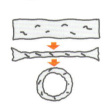

5 さかなのつまようじを段ボールにさし込む

輪っかも段ボールの上に置きます。

6 容器をかぶせ、セロハンテープで留めれば完成！

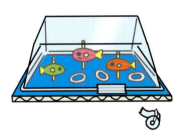

サボテンわなげ 作りかた

1 サボテンを作り、裏につまようじを貼りつける

サボテンの枝が的になります。輪っかが入るように上向きに作りましょう。

2 サボテンのつまようじを段ボールにさし込み、輪っかを段ボールの上に置く

3 容器をかぶせ、セロハンテープで留めたらできあがり

プラ容器

109

エコカー

難易度
ふつう

タイヤがくるくる回って、
ビュンビュン走るエコカー。
車輪を少しずらすと……
動きがとっても
おもしろくなるよ。

110

材料 ・トレイ1枚 ・厚紙 ・豆腐などのパック1個
・ストロー2本 ・ペットボトルのふたなど
・ビニールテープ

 道具 ・はさみ ・カッター
・セロハンテープ ・接着剤
・えんぴつ

エコカー 作りかた

1 トレイに4か所穴をあける
えんぴつでストローが通るくらいの穴をあけます。穴が水平になるように注意しましょう。

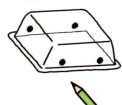

2 ストローの端を十字に切って広げる
2本とも切ります。ストローの先をつぶしてから切ると、切りやすいです。

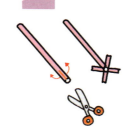

3 トレイの穴にストローを通し、反対側も十字に切って広げる

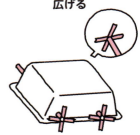

4 厚紙でタイヤを4つ作り、ストローに貼りつける
ストローの端をしっかり広げてタイヤを貼りつけます。

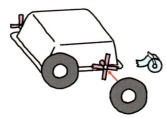

5 別のパックやペットボトルのふたなどを飾りつける

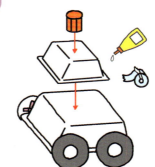

6 ビニールテープで飾りつければ完成！

エコオープンカー 作りかた

1〜4
作りかたは「エコカー」と同じです。

5 トレイの上の面を切り抜く

6 切り抜いた部分で窓を作って貼り、飾りつけをしたら完成！

プラ容器

材料 ・洗剤などのボトル1本
・画用紙

 道具 ・はさみ　・セロハンテープ
・カラーペン（油性）

作りかた

1 画用紙を巻いて、三角にとがった筒を作る
巻いたらセロハンテープで留め、余分な部分を切り取ります。

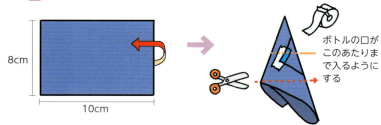

ボトルの口がこのあたりまで入るようにする

2 ロケットの飾りつけをする
両側につばさをつけます。

3 ボトルにカラーペンで発射台をかく
油性ペンを使用しましょう。ボトルのふたははずしておきます。

4 ボトルの口にロケットをのせる

5 完成！

プラ容器

遊びかた

ボトルの側面を勢いよくたたくと、ロケットがシュッと飛び出すよ！

コロコロ追いかけっこ

がんばれー

箱の中を
どうぶつたちが
コロコロ〜。
ビー玉のしかけで
スイスイ動くよ！

コロコロコロ
まてー
スイスイ
ここまで
おいで！

材料 ・コーヒーミルクのカップ2個 ・トレイ1枚
・ビー玉2個 ・つまようじ2本 ・空き箱1個 ・画用紙

 道具 ・はさみ
・セロハンテープ
・のり ・カラーペン

作りかた

1 箱の形にあわせて画用紙を貼る

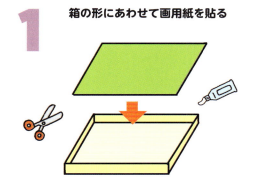

2 旗を作って貼りつける
トレイを小さく切ったものにつまようじをさし、三角に切った画用紙を貼りつけて旗を作ります。旗は箱に貼りつけましょう。

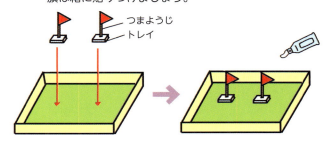

3 カップをビー玉にかぶせ、顔を貼りつける
画用紙などでどうぶつの顔を作り、カップに貼りつけます。

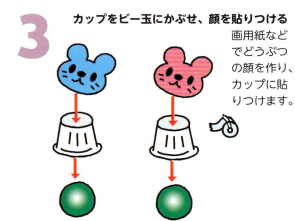

遊びかた

箱を傾けるとどうぶつたちが追いかけっこ！
旗の間を上手に通り抜けられるかな？

バリエーション

箱の中についたてを作って迷路にしても楽しいね。

大きな箱で作って、みんなで動かしてもおもしろい！

プラ容器

115

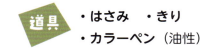

材料 ・プリン（ゼリー）などのカップ1個 ・つまようじ1本 ・鈴1～2個 ・ひも1本（60cmくらい） ・画用紙

道具 ・はさみ ・きり ・カラーペン（油性）

1 カップの底面にきりで穴をあける

2 カップの側面に飾りつけをする
油性ペンや画用紙などで飾りつけをします。

3 つまようじを短く切る

4 ひもの真ん中くらいに、つまようじを結びつける

5 ひもをカップの穴に通す

6 鈴と短冊を結びつけたら完成！
つるせるように輪っかにする

風の通るところにつるすと、涼しげな鈴の音が聞こえてくるよ。夏にぴったりのエコふうりん！

プラ容器

くびふり人形

人形たちのくびがびよよよ〜ん！
ゆらゆら揺れる様子が
とってもキュートだよ。

材料 ・乳酸菌飲料のボトル1本　・ペットボトル1本
・画用紙または封筒1枚

 道具 ・はさみ　・セロハンテープ
・カラーペン

うさぎ 作りかた

1 ボトルをらせん状に切る
1〜2の切る作業は大人がやりましょう。

2 らせんの部分をさらに細く切る

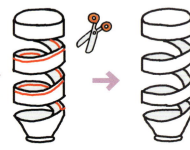

3 ペットボトルの口にセロハンテープでぐるりと貼りつける

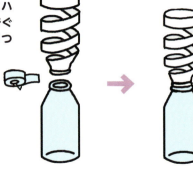

4 画用紙でうさぎの顔を作って貼りつける

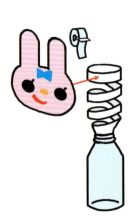

くま 作りかた

1〜3 作りかたは「うさぎ」と同じです。

4 封筒の端を切って三角にし、角を折って留める

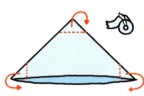

5 耳をつけて顔をかく

6 顔をボトルにかぶせ、貼りつけたら完成！

プラ容器

119

変身めがね

まゆげやひげもついた、おもしろめがね。
かけるだけで大変身できちゃうよ！

材料
- たまごパック1個
- ストロー2本
- 画用紙

※ストローはじゃばらのあるものを用意してください。

道具
- はさみ
- セロハンテープ
- カラーペン（油性）

作りかた

1 たまごパックから3つだけ切り取る

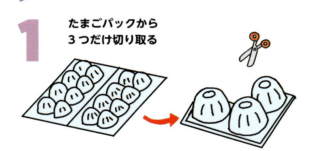

2 目の部分を切り取る
角のとがった部分は危険なので、すべて丸く切り取りましょう。

角を丸く切る

3 まゆげなどの飾りつけをして、両端にストローをつける
ストローは耳にかけられるように長さを調整してください。

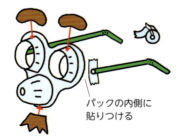

パックの内側に貼りつける

4 完成！

バリエーション

怪獣めがね、サンタクロースめがね…。飾りつけを変えるだけで、いろいろなバリエーションのめがねができるよ。

6 いろいろな紙箱

素材の特徴

紙箱は作りがしっかりしていて、はさみで切ったり、ホチキスやのりでくっつけたりしやすく、工作に適した素材です。紙の厚さがだいたい同じことも、工作に向いています。

種類

サイコロ型の箱、幅の太い箱、縦に細長い箱、丸い箱、上ぶたが分かれている箱など、紙箱の大きさや形はさまざまです。この本で使っている箱の大きさや形にこだわらず、好きな箱を使って、自由な発想で工作を楽しんでください。

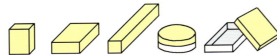

お菓子の箱は、食べやすいようにあけ方が工夫されているものが増えています。その場合は、セロハンテープで貼って元の形に戻してから工作を始めると、扱いやすくなります。

工作のポイント

切る

紙箱は厚紙が多いので、はさみやカッターで切るときは注意してください。うまく切れないときは、大人の手伝いが必要です。

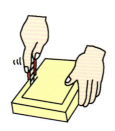

穴をあける

箱に穴をあけるときは、画びょうやきりなどをさします。力加減が難しいので、その部分は大人が補助してください。

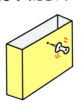

歩く人とロボット

難易度 ふつう

人や大きなロボットが、
てくてく、カシャンカシャン！
並んで行進すると
かっこいいね！

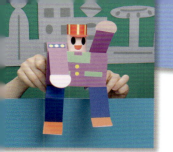

歩く人

難易度 ふつう

材料 ・紙箱1個 ・画用紙

道具 ・はさみ ・のり ・カラーペン

作りかた

1
箱の両端を切り取る

2
1面を残して3つに切る

3
画用紙で手を作り、箱に貼る
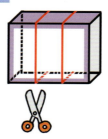

4
画用紙を折り曲げて足を作り、貼る
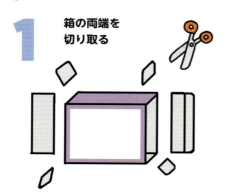

5
画用紙を筒状にして頭を作り、貼ったら完成!
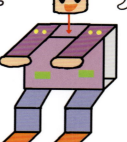

遊びかた

後ろから手を入れて上下に動かすと、手足が動くよ!

124

歩くロボット

材料
- 紙箱4個
- 細長の紙箱4個
- 画用紙
- ペットボトルのふたなど

道具
- はさみ　・セロハンテープ
- 接着剤　・カラーペン

作りかた

1～2
作りかたは「歩く人」と同じです。

3 両端に細長の箱で手をつける

4 飾りつけをした頭をつける
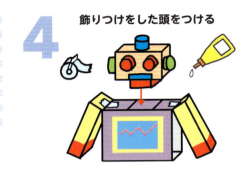

5 細長の箱を、1面を残して真ん中で切り、小さい箱を貼りつける
ひざの後ろで折り目をつけておくと、足が曲がりやすくなります。
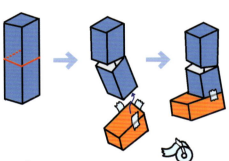

6 胴体に足を貼る
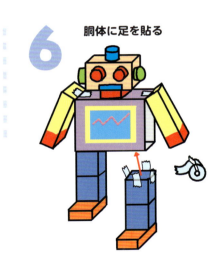

7 裏側もセロハンテープで補強して、完成！
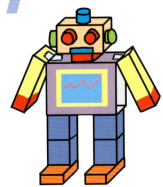

動かしかたは、歩く人と同じだよ。
大きなロボットも作って遊んでみよう。

カシャン
カシャン

いろいろな紙箱

125

くるまの走る町

立体の町を
くるまがブッブ〜。
ビルを横目に
トンネルを抜けて、
快適ドライブに
GO！

いろいろな紙箱

くるまの走る町

難易度 がんばろう

材料
・平たい紙箱 1 個
・紙箱 数個　・画用紙
・じしゃく 2 個

道具
・はさみ　・カッター
・セロハンテープ　・両面テープ
・のり　・カラーペン

※じしゃくを使用します。破損・紛失には十分ご注意ください。

作りかた

1　平たい箱の側面を薄く切り取る

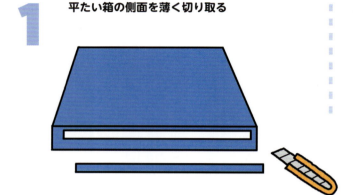

2　箱に画用紙を貼って道を作る

3　いろいろな箱でビルやトンネルを作る

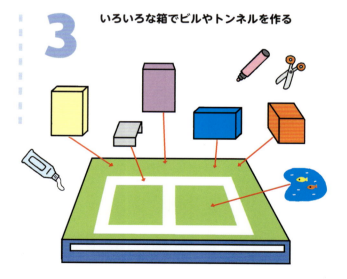

4　建物や木を飾りつけて、町のできあがり

5 紙箱でくるまを作り、底にじしゃくをつける

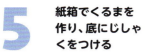
両面テープ

6 1で切り取った棒状の紙にじしゃくをつけて、持ち手を作る

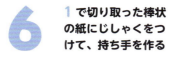

7 じしゃくがくっつくか、確かめる

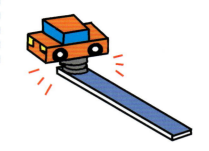

遊びかた

町にくるまをのせ、箱のすき間から持ち手をさし込むと、箱をはさんで、くるまと持ち手がじしゃくでくっつくよ。
持ち手を動かしてくるまを走らせよう！

ドライブに行こう！
くるまをいくつか作って、みんなでいっしょに遊ぶと楽しいよ！

いろいろな紙箱

おててクルクル

クル クル

おもりの力で
手がクルクル回る
おもちゃだよ。
たくさん動いて、
楽しいね！

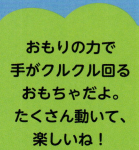

材料 ・紙箱1個 ・竹ぐし1本 ・画用紙
・ストロー1本 ・たこ糸 ・電池1個（単3）

※「ゴリラ」は電池を2個用意してください。

 道具 ・はさみ ・のり ・接着剤
・きり ・セロハンテープ
・カラーペン

ふくろう 作りかた

1 箱の底を切り取り、側面に穴をあけてたこ糸をつけた竹ぐしを通す

2 たこ糸の先に電池をつけ、短く切ったストローを竹ぐしに通す

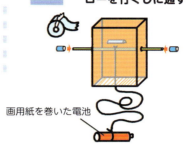

画用紙を巻いた電池

3 竹ぐしに羽をつけ、飾りつけたら、完成！

ゴリラ 作りかた

1 作りかたは「ふくろう」と同じです。

2 糸の先に電池を2個つける

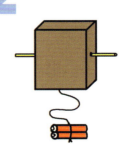

3 短く切ったストローを竹ぐしに通し、手をつける。飾りつけをしたら、完成！

ストロー

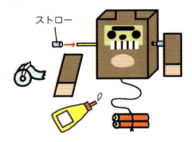

遊びかた

羽を回して、たこ糸を巻き上げてね。

手をはなすと電池が下がって、羽がクルクル回るよ。

いろいろな紙箱

131

トントンずもう

はっけよーい、のこった！
土俵をトントンたたいて、
さあしょうぶだ！

材料 ・平たい紙箱1個 ・紙箱1個 ・画用紙

 道具 ・はさみ ・のり ・カラーペン

作りかた

1 箱の底を切り取る

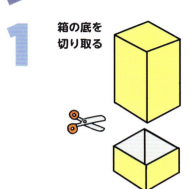

2 両面の一部を切り取る

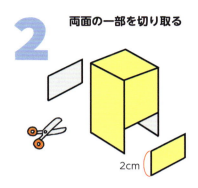

2cm

3 長い部分に細かく切り込みを入れる

4 画用紙でどうぶつの顔と手を作り、貼る

ひだを後ろ向きに少し曲げます。

5 画用紙で土俵を作り、平たい箱に貼る

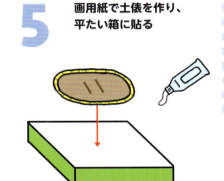

6 どうぶつをのせて、完成！

遊びかた

土俵のまわりを指でトントンたたくと、どうぶつが前進してぶつかりあうよ。土俵から出たり倒れたりしたら、負け！

いろいろな紙箱

鼻のびるぞう

ふーっと吹くと、鼻がびよ〜ん。
バリバリ音をたててのびて、
楽しいよ。

ピーン

材料 ・紙箱1個 ・割りばしの袋1本
・ストロー1本 ・画用紙

 道具 ・はさみ ・のり
・セロハンテープ ・えんぴつ

作りかた

1 えんぴつで箱の前後ななめの位置に穴をあける

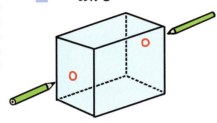

2 穴にストローをさす

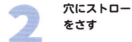

3 ストローに割りばしの袋をかぶせて、空気がもれないように口を留める

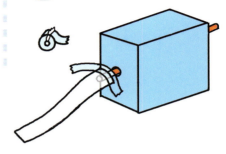

4 袋をえんぴつで巻いて、くせをつける

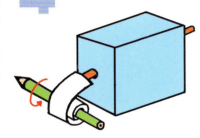

5 ぞうの目や耳をつける

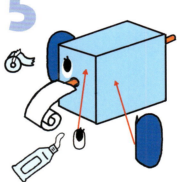

6 完成！

遊びかた

後ろのストローを吹く。

空気を吹き込むとぞうの鼻がのび、はなすと元の形に戻るよ。

いろいろな紙箱

ゆらゆら人形

かる〜くさわると
おばけがゆらゆら。
のんびり気分で
楽しもう！

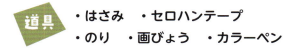

材料 ・紙箱1個 ・画用紙 ・竹ぐし1本 ・ストロー1本 ・電池1個（単3） ・発泡スチロール

道具 ・はさみ ・セロハンテープ ・のり ・画びょう ・カラーペン

作りかた

1 箱のふた部分を切り取る

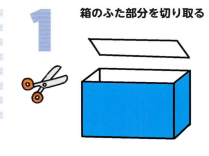

2 穴をあけて、竹ぐしを通す

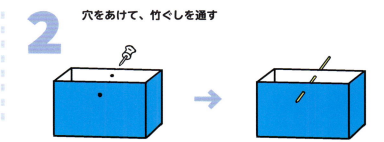

3 画用紙に絵を描いて切り取る

4 ストローの上部に絵を貼り、真ん中に穴をあけ、下に電池をつける

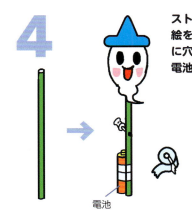

電池

5 **箱とストローの穴に竹ぐしを通して留める**
竹ぐしが抜けないように、端をセロハンテープと発泡スチロールで留めます。

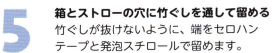
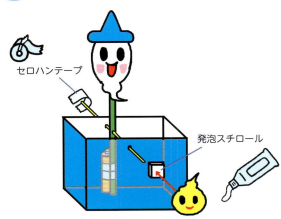

セロハンテープ / 発泡スチロール

遊びかた

絵を軽くつつくと、おばけがゆらゆら動くよ！

ゆらゆら

いろいろな紙箱

回転ピエロ

ぐるぐる、パタンパタン、ピエロの体操だ！たくさん回って、目も回っちゃうかも？！

パタンパタン

うまくまわれるかな？

・紙箱 2 個 ・画用紙
・細長の紙箱 4 個 ・割りばし 1 本

 ・はさみ ・セロハンテープ
・カラーペン

作りかた

1 顔の箱を胴体の箱につける
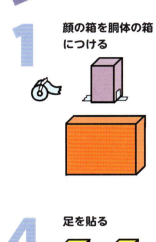

2 手の箱を、肩とつなげて貼る

3 裏もしっかり留める

4 足を貼る
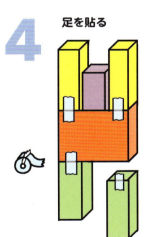

5 裏もしっかり留める

6 割りばしを両手に貼って、飾りつけて完成！

遊びかた

割りばしを手前におろして、そのまま回すと、ピエロが回転するよ。

いろいろな紙箱

すてきな部屋

難易度 ふつう

かわいい
たんすに
ラブリーな
ベッド……。
夢いっぱいの
憧れの部屋を
作っちゃおう！

材料　・ふたつきの紙箱 1 個　・紙箱 数個　・画用紙

 道具　・はさみ　・セロハンテープ　・のり　・カラーペン

作りかた

1 ふたと内箱で部屋を作る

2 組み合わせて留める

3 かべや床の飾りつけをする

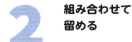
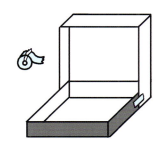

4 紙箱に画用紙を貼ってベッドを作る

5 紙箱でたんすを作り、鉢植えなどを飾る

6 画用紙で机と椅子を作る

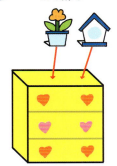
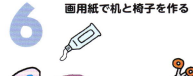
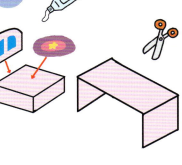

7 並べて、完成！

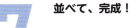

時計や花など、好きなものを飾ってね！

いろいろな紙箱

141

ゴムじゅう

難易度 かんたん

ねらいをさだめて、パシュッ！
びっくりするほど
かんたんに
輪ゴムでっぽうが
できちゃうよ。

・紙箱1個 ・細長の紙箱1個 ・せんたくばさみ1個
・つまようじ1本 ・輪ゴム ・画用紙

 ・はさみ
・セロハンテープ
・カラーペン

作りかた

1 細長の箱に短く切ったつまようじを貼りつける

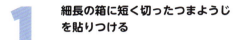

2 反対側にせんたくばさみを貼りつける
せんたくばさみは、しっかり留めます。

3 箱をつけ、持ち手にする

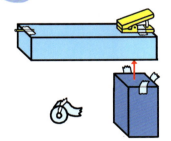

4 つまようじの先に輪ゴムをかける

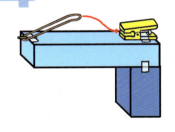

5 飾りつけをして、輪ゴムをせんたくばさみではさんで、準備OK！

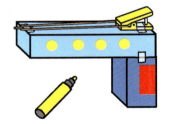

遊びかた

せんたくばさみをつまむと、輪ゴムが飛び出すよ！

パチン！

的を作って遊ぼう。
人に向けて打ってはいけないよ。

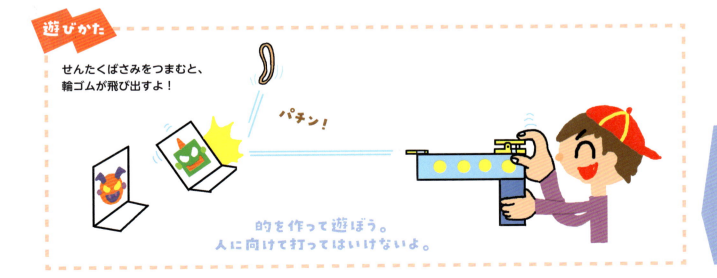

いろいろな紙箱

きむらゆういち（絵本・童話作家）

東京都生まれ。造形教育の指導、テレビ幼児番組のアイデアブレーンなどを経て、絵本・童話作家に。『あらしのよるに』（講談社）で講談社出版文化賞絵本賞、産経児童出版文化賞ＪＲ賞受賞。同舞台脚本で斎田喬戯曲賞受賞。同作品は映画、アニメ、舞台、ミュージカル、歌舞伎でも上演され、2024年南座、歌舞伎座にて歌舞伎再演。『オオカミのおうさま』（偕成社、絵・田島征三）で第15回日本絵本賞受賞。絵本・童話創作に加え、戯曲やコミックの原作・小説など広く活躍中。著書国内外併せて1000冊を超え、数々のロングセラーは国内外の子どもたちに読み継がれている。

みやもとえつよし（絵本作家）

大阪府生まれ。グラフィックデザイナーを経て絵本作家に。絵本講座の講師および工作のワークショップを手がける。主な作品に「ガラクタ工作」シリーズ（チャイルド本社）「おばけずかん」シリーズ（講談社）「キャベたまたんてい」シリーズ（金の星社）「はじめてずかん」シリーズ（文溪堂）「フルーツじまのなかまたち」シリーズ（新日本出版社）その他多数。

- ●製作物アイデア・構成／きむらゆういち　●製作物デザイン／みやもとえつよし
- ●本文イラスト／みやもとえつよし　●製作／みやもとえつよし、Toshimi、オフィス遊（木村多美子）　●写真／安田仁志　●表紙・本文デザイン／檜山由美
- ●本文校正／有限会社くすのき舎　●編集／吉田晴奈

> この本は、「ガラクタ工作」シリーズ（チャイルド本社）を再構成してまとめたものです。

きむらゆういち・みやもとえつよしの
廃材をアップサイクル！ エコ製作あそび

2025年2月　初版第1刷発行

著者／きむらゆういち、みやもとえつよし
©Yuichi Kimura, Etsuyoshi Miyamoto 2025
発行人／大橋 潤
編集人／竹久美紀
発行所／株式会社チャイルド本社
　　　　〒112-8512　東京都文京区小石川5-24-21
電話／03-3813-2141（営業）　03-3813-9445（編集）
振替／00100-4-38410
印刷・製本／TOPPANクロレ株式会社

ISBN978-4-8054-0335-8
NDC376　26×21cm　144P　Printed in Japan

■乱丁・落丁本はお取り替えいたします。
■本書の無断転載、複写複製（コピー）は、著作権法上での例外を除き禁じられています。
■本書を代行業者等の第三者に依頼してスキャンやデジタル化することは、
　たとえ個人や家庭内での利用であっても、著作権法上、認められておりません。

> チャイルド本社のウェブサイト　https://www.childbook.co.jp/

チャイルドブックや保育図書の情報が盛りだくさん。どうぞご利用ください。